다문화, 다양한 우리

다문화, 다양한 우리

2023년 11월 10일 초판 발행

글_ 유희자
heui0604@hanmail.net

펴낸곳_도서출판 청옥
25752 강원도 동해시 평원로 40
전화 033-522-5800
팩스 033-535-1116
okco@hanmail.net

ISBN: 978-89-92445-05-4 (03810)

· 이 책은 강원특별자치도·강원문화재단 후원으로 발간되었음.
· 이 책의 국립중앙도서관 출판도서목록은 서지정보유통지원 시스템 홈페이지(http://seoji.nl.go.kr)에서 이용하실 수 있습니다.

값 16,000원

다문화, 다양한 우리

유희자 수필집

도서출판 청옥
Chung Ok

작가의 말

결혼이주여성들의 방문수업이 시작되던 2008년 초, 두려운 마음으로 문을 열어주던 새댁들이 생각납니다. 두려운 건 새댁들만이 아니었습니다. 저도 두려웠습니다. 우리는 첫 만남에서 떨리는 마음으로 그저 손을 잡고 웃기만 했습니다. 그런데 신기한 일이 일어났습니다. 웃기만 했는데 소통이 되었습니다.

처음 본 남편을 따라와 남의 나라에서 내 나라처럼 산다는 것은 힘듭니다. 모든 것이 낯선 곳에서 조곤조곤 가르쳐 주고 기다려 주는 남편들은 많이 없다는 것을 한국문화를 배우며 체득해야 했습니다.

이제 시간이 흘러 그때의 새댁들은 자녀의 교육과 미래를 걱정해야 하는 학부모가 되었습니다. 그리고 후배 새댁들에게 멘토가 되어 주고 있습니다.

우리 모두는 '다문화'라는 틀에서 나와 다양한 문화를 이해하고 수용하여, 또 다른 문화를 창출하는 세계인이 되었으면 좋겠습니다.

저는 글을 통해 이들의 삶을 조명하며 경제력에 밀지지 않는 우리 모두의 의식 선진화를 이야기하고 싶었습니다.

하늘을 가린 손바닥을 치우면 경계가 없는 광활한 세계가 나타납니다. 그리고 그 세계는 하나입니다.

어린 시절 가을이 되어 귀뚜라미가 찾아오면 호롱불을 다시 켜고, 달력 뒷장을 글자로 빼곡히 채우고서야 잠이 들던 기억이 있습니다.

여름밤 마당에 누워 쳐다본 하늘이, 은하를 흐르던 쏟아질 듯 많은 별들이 호롱불의 심지가 되어 주었습니다.

하지만, 글을 쓴다는 것은 언제나 막연하며 부끄러운 일입니다.

'나'를 드러내는 낯 뜨거움 때문일 것입니다.

어디서부터 시작해야 할지 몰라서, 바로 그 지점에서 시작했습니다.

남이 읽어 주기를 바라는 마음에서 시작한 글이, 남이 읽을까 봐 두려운 마음으로 끝을 맺었음을 고백합니다.

이 책을 있게 한 사랑하는 결혼이주여성들과 가족, 그리고 나의 고향, 부모님, 형제들, 우리 가족, 또 그 자리에 안주하지 않도록 늘 깨워 주시는 권석순 교수님과 출판의 기쁨을 함께하고 싶습니다.

2023년 가을

유 희 자

차 례

1부 다문화, 다양한 우리

2부 '문화'라는 이름으로

3부 눈치 약이 필요해

4부 10분의 풍경

제 1 부

다문화, 다양한 우리

책거리

자그마한 체격에 속눈썹이 유난히 짙은 A는 눈을 깜박일 때마다 아래 속눈썹에 선명하게 있는 검은 '점(點)'이 보는 이에게 잔상을 남긴다. 한국에 오기 전 점쟁이가 이 점 때문에 팔자가 안 좋고 시집을 세 번 간다고 했다면서 자신은 점쟁이의 말이 틀린 것을 입증해 보이겠다고 했다. 나 또한 당연하지! 라며 어깨를 토닥여 주었다.

지난달 A는 딱 한 번 수업을 미루었다. 하필이면 마지막 수업을 미루다니. 하지만 다른 친구들에게는 흔히 있는 일이므로 처음이자 마지막일 A의 부탁을 받아들여 이틀 후 방문했다. 그녀는 살짝 상기된 얼굴로 수업을 마치고 나를 식탁으로 안내했다. 음식을 덮은 보(褓)를 벗기자 사진에서 보았던 A 나라의 음식이 눈에 들어왔다. 언젠가 수업 시간에 A 나라의 음식을 소개하며 "선생님께 해 드리겠어요."라고 약속했다고 한다. 나는 생각도 나지 않는데 말이다.

자신이 만든 음식은 가족들이 먹지 않는다며 이 음식을 만들기까지 며칠을 고민했다기에, 나도 시부모님이나 남편이 내가 만든 음식을 먹지 않을까 봐 걱정한 적이 있다고 말해 주었다. 그리고 수업을 이틀씩이나 미룬 이유가 음식 재료를 고국의 언니들에게 부탁했는데 예상

보다 늦게 도착을 했기 때문이란다. 혹시 음식이 입에 맞지 않을까 봐 걱정되어 끓인 김치찌개를 다시 데우겠다고 일어섰지만 나는 아무 말도 할 수 없었다. 가슴이 먹먹하고, 무슨 말이라도 하면 눈물이 날 것 같아 A가 일러 준 그녀 나라의 음식을 절대로 잊지 않겠다는 듯 시선을 박고 앉아 있었다.

처음이다. A가 내게 음식을 만들어 준 것은. 나한테 음식을 대접하고 싶었지만 두려운 생각에 선뜻 용기를 낼 수 없었단다. A는 내가 자신이 만든 요리를 먹어주는 첫 번째 사람이라 고맙다며, 또 자신이 요리한 음식을 나와 같이 먹게 되어 부끄럽다고 얼굴을 붉혔다.

나는 음식 먹는 것을 그다지 즐기지 않는다. 남의 집에 방문했을 때 생리적 현상을 우려한 것이 첫 번째 이유이기도 하지만 너무 잘 먹는 내가 학습자에게 부담을 줄 수도 있기 때문이다. 그리고 간식으로 먹는 음식이 잘 체하는 터라 안 먹는 게 습관이 되었다. 수업을 하다가 목이 마르면 물 한 잔을 부탁한다. 그러나 오늘은 먹어야 하는 사명감이 있다. 그래, 그냥 먹을 수는 없지. 우리의 전통문화가 있었지. 옛날에 서당에서 책 한 권을 떼면 학부모들이 떡을 만들어 잔치를 벌인 '책거리'가 있었지. 생각이 여기에 미치자 나는 A에게 책거리를 알려주었다.

겉보기와는 달리 누구보다 여리고 눈물 많은 A는 열 달 한국어 공부를 하는 동안이 한국 생활에서 제일 행복했다고 말한다. 매일 새벽부터 가게를 하시는 시부모님을 도우러 나가는 게 A의 일상이다. 일주일 중의 휴식 시간이 바로 한국어 공부하는 날, 이틀이다. A에게는 늘 두 시간 공부가 부족하여 그 이상 머무르곤 했다. 나에게 할 이야기가 너무 많았고, 보여 줄 것, 들려줄 이야기들이 무궁무진했다. 좋은 소식보다는 그 반대인 경우가 많았는데 대부분 A를 괴롭히는 추억들이었다. 털어내듯 이야기를 하고 비로소 편해지는 A의 얼굴을 확인하고 나서야 일어설 수 있었던 날들이었다.

환갑이 넘은 친정의 가난한 부모님, 다섯 언니들, 친구들 그리고 주변의 이야기 등 모두가 A의 나이에는 일어나기 힘든 경험들이다. 한국으로 오기 전날 설거지를 하다가 하나밖에 없는 프라이팬의 땜질이 떨어졌는데 어머니가 화를 내시고는 우셨다고 한다. 곧 떠날 딸인데도 자신도 모르게 화를 낼만큼 땜질한 프라이팬은 온 가족의 요리를 담당하고 있었던 것이다.

지난주에 A는 친정에 갔다. 가끔, 마른 체형의 내 딸이 입지 않는 옷을 갖다 주면 좋아하며 친정 조카들에게 보내주었다. 나는 A를 위해 서울 나들이를 했다. 사흘 밤낮을 두 딸의 옷장 정리를 해준 대가로 여름옷 몇 박스를 확보하여 A에게 주었다. 또 사은품으로 받아 두었던 프라이팬과 타월도 주었다. 엄마와 언니와 조카들이 좋아할 거라며 활짝 웃는 A의 눈시울이 붉었다.

오래전 여행길에 스친 성철스님을 닮은 스님이 '보살님은 타고 난 재주가 있는데 왜 그 자리에 머물러 있소…?'라고 했었다. 나는 크리스천이라서 당시에는 그냥 웃고 넘겼다. 세월이 지나면서 문득문득 생각이 났고 급기야 중단했던 공부를 시작했다. 그리고는 은연중 그

노스님이 말했던 목표를 향해 한발씩 다가가는 자신을 발견한다. 참 아이러니하다. A에게 속눈썹에 점이 있어 결혼을 세 번 하리라는 점쟁이의 말을 믿지 말라고 하면서 나 자신은 우연히 마주친 노스님의 말에 집착하다니….

하지만 긍정적으로 생각해 보면 이해가 어려운 일도 아니다. 운명은 개척하는 것임을 깨닫게 된 것도 이 미신 덕분이기 때문이다. 주어진 운명이 마음에 들지 않으면 개척해야 한다. 개척하는 자 앞에선 운명도 맥없이 무너지는 것이다. A의 일이나 나의 일이나 그 좋은 예라고 생각한다.

이들의 이야기가 가슴 아파 부둥켜안고 울고, 가끔은 힘에 부쳐 포기도 생각하지만 그래도 가뭄에 콩 나듯한 희망을 만나면 그동안의 고뇌는 바로 상쇄가 된다. 가끔은 학습자가 엄마라고 부르겠다고 하여 곤혹스럽기도 했는데 학습자와 교사와의 거리, 그 거리를 학습자마다 다르게 조절하는 것이 교사의 능력이고 지혜라고 생각한다. 중요한 것은 편견을 철저히 배제하고 학습자의 필요충분조건을 만족시키는 것인데 내게 이런 능력이 갖추어져 있다고 자신할 수는 없지만 늘 노력한다고는 말할 수 있다.

다문화 방문교육의 시작은 내 인생에 있어 최고의 절정기며 전환점이 되었다. 평생을 공부하면서도 그 끝이 보이지 않는 국어 공부, 학습자들에게 완벽한 선생이 되고자 한국어교원, 문해교원, 중등국어교원 등 국어에 관한 자격을 갖추었다. 공부를 하면서 일을 할 수 있다는 장점이 바로 방문교육이다. 그리고 늘 공부하면서 새로움을 나의 학생들에게 줄 수 있다는 것이 큰 보람이자 희열이다.

참으로 기이한 것은 학습자에게서 나의 재능을 발견하는 것이다. 새로운 가정을 만나 이들이 내게서 받는 위안에 힘을 얻어 사회복지와 상담 공부를 했고 글쓰기를 좋아하는 학습자에게 글쓰기 지도를 하다가 내친김에 내가 등단을 해버렸다. 내가 이들에게 바른 교육을 하기 위해서는 자신의 수신제가(修身齊家)부터 해야 하고 한국어를 잘 가르치기 위해서는 끊임없이 공부를 해야 한다. 학습자가 기초부터 배운다고 누구나 가르칠 수 있는 것이 아니다. 가르치는 사람이 그 분야에 대한 모든 것을 장악하고 있어야 그들 앞에서 떳떳할 수 있고 자신감이 있다. 그것을 학습자들은 내게 가르쳐 주었다. 선생님은 내가 아니라 이들인 것이다.

내게 책거리를 근사하게 해준 A는 지금쯤 친정에서 땜질한 프라이팬을 버렸을까. 아니면 추억이 담긴 프라이팬을 버리지 못하고 또 가슴에 담아 오는지도 모르겠다. 처음엔 나의 짧은 영어로 그야말로 소통만 하다가 차츰 각기 자기의 모국어로 대화를 하고 드디어는 한국어로 메시지까지 주고받았던, A는 나에게 가능성 그 자체였다.

딸을 시집보내면 이런 마음일까. 열 달 수업을 마치고 나면 뭔가 텅 빈 느낌, 그러면서도 홀가분한 느낌, 딸을 잘 키웠다는 평가를 받아야 친정어머니의 맘이 편한 것처럼 지금의 내 마음이 그 마음이 아닐까 싶다.

지혜로운 한국생활을 위하여

"선생님, 큰일났어요! 부모님이 경찰서에 갔어요."

출산을 돕는다는 목적으로 비자를 발급받아 들어왔는데 인근의 냉동공장에서 일을 하다가 '암행경찰(?)'에 발각되어 모두 경찰서로 잡혀갔는데 아마 바로 추방될 것이라고, 출산한 지 석 달 겨우 지난 새댁은 떨리는 목소리로 전화를 하는 내내 울었다.

결혼이주여성들의 친정 부모들은 딸의 산후조리를 돕는다는 목적으로 들어온다. 임신을 하면 미리 들어오거나 출산 후 딸이 몸을 추스리면 농촌에서 일을 하여 돈을 벌기도 하는데, 돈을 손에 쥐어 본 것에 뿌듯함을 느껴 비자를 연장해가며 일을 하기도 한다. 한국에서 농사일을 하면 일당으로 8~10만 원을 받는데 자국에서 한 달을 쉬지 않고 일해도 월 30만 원을 벌기가 어렵다고 한다. 그러니 한국에서 일을 하면 농촌의 모자라는 일손도 덜 수 있고 돈도 벌 수 있으니 수요와 공급의 일치가 맞아 떨어진다. 혹자는 인근 냉동공장에서 일을 하기도 하는데 비자의 목적 이외에는 모두 불법이라 이렇게 '암행 경찰'이 나오면 하루아침에 공항으로 모셔지기도 하고 거액의 벌금을 내기도 하며 사업자도 곤혹을 치른다.

사장님도 할 말이 있는 것은, 일손이 없다는 것이다. 한국 사람들은 놀더라도 힘든 일을 하지 않겠다고 하니 어쩔 수 없이 외국인 노동자를 써야 한다는 것인데 문제는 적법이 아니라는 것에 있다. 출산 도움이라는 목적으로 비자를 받았기 때문에 법을 어기면 그에 상응하는 대가를 받아야 하는 것은 맞는데, 법이 유독 약한 사람들에게는 예리한 칼날로 작용하니 지켜보는 이도 안타까울 때가 있다. 농촌에도 일할 사람이 없으니 결혼이민자나 그 부모를 환영하기도 한다. 결혼이민자의 부모라고 해도 40-50대 초반이 많고 육체적으로 하는 일이라 묵묵히 일만 하면 되니 굳이 한국어도 필요치 않다. 또 눈치가 빠르고 순박하다는 칭찬까지 듣는다. 이번 '암행 경찰' 건은 생각보다 많은 벌금을 사위가 내어 주고 다행히 추방당하지는 않았지만 온 가족의 상심은 매우 컸다.

한국에서 일을 하고 싶어하는 것은 결혼이주여성의 부모뿐만이 아니다. 갓 결혼하여 입국한 새댁들도 다수 일에 관심이 많다. 입국하자마자 소재 출입국관리사무소와 가족센터(다문화센터)에서 입국자 등록을 한다. 먼저 온 같은 나라 사람들과 모임을 가지면서 결혼 선배들의 조언을 듣는다. 선배들은 대부분 일을 하고 있다. 이들은 한국어를 배우는 것이 먼저일 것 같지만 한국 생활의 정보를 얻는 데는 당장은 모국어로 말해주는 선배가 낫다고 생각한다. 그리고 선배가 이끄는 곳으로 일을 하러 가기도 한다.

과거, 그러니까 2007년부터 2010년까지 우리나라에 결혼이민자가 가장 많았던 시기에는 밖으로 나오지 않는 사람이 많았다. 한국의 가족들이 행여 멀리서 온 아내가 어떤 유혹을 받아 가정을 떠날까 봐 우려한 때문이었다. 또한 남편들이 결혼 적령기보다 늦은 나이가 대부분이고 아내들은 상대적으로 갓 스물이 넘은 이가 많았으므로 우려가 반드시 기우인 것은 아니었다. 다시 말하면 그러한 사례가 없지 않았던 터라 걱정이 된 가족들은 외출 자체를 용인하지 않았다. 특히 새댁들은 '한국의 시어머니는 무섭다'는 정보를 결혼 전부터 알고 있었던 터라 한국의 문화라 생각하고 나름의 한국 생활에 적응하려고 노력했다. 초기 무렵 한창 떠돌던 일화가 있었다.

한 새댁이 한국 남자와 결혼식을 올리고 입국하게 되었다. 버스에서 내리니 어두웠다. 새댁은 고개를 넘고 물을 건너, 가도 가도 끝없는 길을 신랑을 따라가는데 불빛이 하나도 없었다. 의구심이 들었지만 남편에게 물으려니 한국말을 몰라 '밤이라 다 자는가?'라고 생각하며 벙어리 냉가슴으로 따라만 가는데 남편이 이런 아내의 마음을 읽은 듯 "밤이라 다 잔다"고 얘기했다. 그런데 잠을 자고 다음 날 아침에 일어나니 주위에 집 한 채 없는 첩첩산중이더라는 것이다.

세월이 흘러 스마트한 세상이 되다 보니 손바닥으로 하늘을 가릴 수는 없게 되었지만 중개업자를 통해 국제결혼을 하는 경우 종종 있던 있이다. 레스토랑을 운영한다는 말에 와 보니 중국집 배달 일을 하거나 부농이라고 알고 왔는데 소작을 부치고 있더라는 이야기는 남의 이야기로는 재미있어 보이지만 당사자는 단단히 속은 것인데 이를 남편에게 따지면 남편은 '나는 거짓을 얘기하지 않았다. 중개업자가 그렇게 말한 것이다.'라고 말한다. 어떤 경우에는 친정의 생활이 어려워 생활비를 지원하는 것을 조건으로 중개업자에게 이야기를 했는데 결혼한 후에 남편이 전혀 돈을 줄 생각을 하지 않아 물어보니 '나는 그런 말을 들은 적이 없다'고 한 일도 있었다. 이미 결혼은 했고 새댁들은 빨리 돈을 벌어 고향 부모님께 생활비를 보내야겠다는 생각에 노동의 전선으로 나가는 경우도 있다. 그 나라의 언어와 문화를 배우는 것이 먼저이고 이주여성 역시 그 사실을 알지만 돈의 능력과 유혹, 돈을 손에 쥐었을 때의 흥분감을 떨쳐 버리긴 쉽지 않은 것이다.

중개업자를 통한 국제결혼은 다른 나라와 서로 문화를 교류한다는 장점도 있지만 다양한 폐단도 있다. 얼마 전 서울신문에 난 기사가 있다. 바로 '한국 여성의 국제결혼 상대 1위는 베트남 남성이 차지했다'는 의아한 언론 보도이다. 2023년 2월 결혼이민자는 1만 3,905명이었고 이 중 6,392명이 베트남 국적자로 전체의 절반을 차지했다는 자료가 근거로 사용됐다는 것이다. 어찌된 일일까.

이를 두고 일각에서는 베트남 남성과 결혼한 한국 여성이, 실은 한국 남성과 결혼했다가 이혼한 베트남 출신 귀화 여성일 거라고 추측한다. 귀화한 베트남 여성이 베트남 남성과 재혼하면 자동적으로 그도 한국 국적을 갖게 되기 때문이다. 베트남 아내의 계획이 있었던 것 아니냐고도 하지만 문화 차이와 가정 폭력 등 여러 이유로 한국 남성과 이혼한 베트남 여성이 다시 한국 남성과 재혼하기는 어렵다는 것을 이해하기란 어려운 일이 아니다. 또한 베트남 여성과 결혼하려는 한국의 남성은 이혼 경력이 없는 20대 여성을 선호한다는 점에서 이혼 경력이 있는 베트남 여성에게는 한국 남성과의 재혼에 걸림돌이라고 분석하는 이도 있다.

한국 사람이 보기에 국제결혼의 폐단이라고 느껴지는 부분도 있지만, 모든 일은 시행착오가 따르기 마련이라는 것을 인정한다면 이해 못 할 일도 아니다. 이젠 단일민족을 고집하는 것은 '꼰대'에 지나지 않는다. 국민의 의식도 달라지고 법도 현실에 맞게 보편타당한 쪽으로 개선되고 있다. 직장생활 중 가장 많은 시간을 센터에 몸담았던 내가 이 일을 하지 않았다면 이웃이나 내 가족에 혹시 있을 국제결혼을 잘 이해할 수 있을까 생각하니 센터와 나의 인연이 더욱 소중해진다.

결혼을 하여 입국을 하면 한국어와 한국문화 수업을 위해 가정 방문 학습을 실시한다. 외국어 교육은 그 문화와 함께 교육해야 하므로 자연스럽게 그들의 생활로 들어간다. 한국 사람의 기본 밑반찬인 김치를 담그는 일부터 요리를 좋아하는 새댁들에게는 내가 할 수 있는 모든 요리를 가르쳐 보았다. 요리는 유튜브로 보고 따라 배워도 되지만 직접 손으로 촉감을 느껴 계량하고 재료가 없을 땐 대체할 수 있는 재료로 같은 맛을 내는 것도 알 수 있다. 무엇보다 자신이 김치찌개를, 잡채를 만들어 오늘 저녁 퇴근하는 남편과 함께 식사를 하는 것에 의미를 두어 큰 성과가 있었다.

한국어 교육이 끝나면 부모교육을 한다. 임신 중이거나 첫 출산을 한 경우 혼자 낯선 곳에서 아기를 낳고 키우기란 어렵다. 그래서 임신 중의 생활, 출산 후 아기의 목욕부터 몸조리 안내, 수유 등 아기의 양육을 교육시킨다. 교육 및 안내가 목적이지만 현실적으로 가정에 들어가면 시범을 보이며 실습을 시켜야 할 때가 많다. 친정어머니가 오시기도 하지만 여의치 않을 때도 있고 어머니 역시 낯선 곳이다 보니 또 교육이 필요하다.

부모교육이 끝나고 아이들이 자라면 아이의 학습이나 정서발달을 돕는 일을 해야 한다. 엄마의 서툰 한국어를 듣고 자란 아이들의 한국어 발음을 교정시키고 늦은 경우 한글도 가르쳐야 한다. 친구들과 잘 지내기 위한 교육, 가족 관계를 이해시키기 위한 교육 등 무궁무진한 교육을 해야 한다. 그리하여 체계적으로 교육을 받은 모범 새댁들은 멘토가 되어 후배 새댁들의 선생님이 된다.

바람이라면, 우리 결혼이주여성들이 모두가 좀 더 앞을 내다보고 안정적인 가정을 이루는 동안 한국어를 비롯하여 자신의 소질이나 좋아하는 분야의 공부 등, 준비를 한 후 밖으로 나온다면 더 큰 일을 할 수 있을 것 같다. 가족의 만류에도 성급히 청소하러 나가는 새댁들을 볼 때 아쉬움을 느낀다. 이를테면 선생인 나는 베트남어를 모르지만 베트남 결혼이주여성은 몇 년만 지나면 한국어를 유창하게 한다. 그러면 그 쓰임은 나를 능가할 텐데 말이다. 시간의 차이는 있더라도 한국에 사는 이상 한국말은 하게 된다. 하지만 체계적인 교육으로 한국어를 학습한 사람과 교육의 과정이 없이 구어 중심으로만 배운 언어는 그 양과 질에서 차이가 난다. 늦게 깨달아 그때 처음부터 시작하면 이미 머릿속에 굳어 버린 어휘들이 자리를 교체하고 싶지 않기 때문에 재학습이 어려워 스스로 포기하는 것을 많이 보아 왔다.

모든 결혼이주여성들이 한국에서 꿈을 이루었으면 좋겠다. 혹시 한국인과 결혼하는 것이 꿈이었다면 행복한 결혼생활을 영위하는 것이 꿈을 완성하는 것일 것이다. 꿈을 위해 무엇이 선행되어야 할 것인가를 깨닫는, 지혜를 가진 우리 새댁들이 되었으면 좋겠다.

어머니는 사랑이다

무슨 일을 하느냐는 질문을 받았을 때 '다문화센터에서 한국어를 가르쳐요.' 하면 열에 열 명이 모두 '좋은 일 하시네요, 보람 있으시겠어요.'라고 말한다. 오랜 기간 받은 질문과 들은 대답이니 이젠 '무슨 일을 하세요?' 하고 물으면 다음에 나올 질문자의 멘트가 공식처럼 떠올라 웃음부터 나온다.

동해에서는 2008년도에 처음으로 다문화 방문지도사가 생겼다. 2007년을 지나면서 결혼이민자가 크게 늘어났고 이들에게 교육이 필요함에 따라 정부에서 한국어와 부모교육, 자녀교육 분야의 집합교육 및 방문지도사를 파견하게 된 것이다.

다문화가족 방문지도사는 다수의 사람들이 말하는 '보람'을 찾기에 아주 좋은 일자리다. 한국말을 할 줄 모르는 외국인 새댁들에게 한국어뿐만 아니라 한국문화와 임신·출산·자녀의 양육교육까지 광범위한 일을 한다. 그래서 대부분의 지도사는 아이를 낳아 기른 경험이 있는 엄마들이다. 많은 수의 결혼이주여성은 결혼할 당시의 연령이 20대 초반이어서 방문지도사가 때로는 친정엄마의 역할도 해야 한다. 문화가 다른 이들에게 한국의 가족관계, 특히 시어머니를 이해시키는 것은 결코 쉽지 않은 일이기 때문이다.

초기 결혼이민자의 한국 시어머니에 대한 보편적인 선입감은 어떨까. 많은 수의 외국에서 온 새댁들이 한국의 시어머니에 대해 한마디로 '무섭다'고 한다. 그도 그럴 것이 대부분의 시어머니가 연세가 많으셔서 귀가 안 좋으신 데다 한국말을 못하는 며느리에게 당신의 의중을 전달하자니 목소리가 커질 수밖에 없다. 게다가 지역적 특색인 센 억양도 한몫하니 대화의 내용은 차치하고라도 듣는 이가 위압감이 드는 건 사실일 것이다. 또한 당신들이 시집살이하던 때를 떠올려 얼마간의 보상심리를 가지고 며느리를 대하기도 한다.

하지만 모든 분들을 무서운 시어머니로 일반화하기엔 무리가 있으니, 여기 외국인 새댁들이 갖는 선입감과는 거리가 있는 시어머니 두 분 이야기를 하려고 한다. 한 분은 시내에서 많이 떨어진 곳에 사시는 분인데 아주 귀한 아들을 두셨다. 딸을 아홉 낳은 후에 본 아들이니 그 귀함의 정도를 가늠할 수 있다. 스물도 채 되지 않은 며느리를 보아 금이야 옥이야 내 아들만큼 귀히 모셨다. 그 가정에 한국어를 가르치겠다고 처음 방문한 날, 신발도 신지 않은 채로 뛰어나오시던 그 시어머니를 잊지 못한다. 거리가 멀어 그리 기쁜 마음으로 간 것은 아니었는데 시어머니의 뜻밖의 환대를 받고 보니 죄송한 마음이 들었다. 그런데 더 곤란했던 것은 나를 안방으로 이끈 후 방석에 앉히고는 다짜고짜 큰절을 하시는 것이다. 워낙 순식간에 벌어진 일이라 어안이 벙벙했지만,

곧 정신을 차리고 어머니를 일으켜 세웠는데 어머니는 '내 며느리의 선상님이면 나의 선상님'이라며 굳이 큰 절을 마치신다. 할 수 없이 나도 받은 절을 다시 돌려 드리는 것으로 일단 인사를 끝냈다. 며느리가 예뻐서 어쩔 줄 모르는 시어머니, 반면 서럽게 큰 아홉의 딸들은 이런 자신의 어머니가 못마땅하여 집에 걸음조차 안 한다고.

수업이 시작되면 둥글고 큰 밥상에 시부모님과 학습자, 남편이 둘러앉는다. 진지하게 수업을 참관하던 그들은 30분쯤 지나면 남편이 앉아서 코를 골면서 사태의 전환을 맞는다. 아들을 쿡쿡 찔러 방으로 들여보낸 후 아버지는 노인정으로 가시며 끝까지 함께 못함을 미안해하신다. 알아듣지 못하는 며느리가 답답하다며 주먹으로 당신의 가슴을 치던 어머니는 한 시간쯤 지나 하품이 잦더니 급기야 '죄송하다'며 옆방으로 가신다. 그리고는 곧 양쪽 방에서 코 고는 소리가 들린다.

그런데 알람을 맞추어놓은 것도 아닌데 수업이 끝나면 벌떡 일어나 나오신다. 그리고 어머니는 "내가 허리를 못 쓰는 이유는 영감이 지겟작대기로 때려서이며 손발이 저리고 온몸이 아픈 것은 딸들을 낳고 몸조리를 못 해서야.", "내가 고생한 이야기로 책을 엮으면 한 짐으로는 모자란다."는 등 젊은 시절의 고생보따리를 풀어 헤치신다. 아예 이후의 수업 시간은 잡지 않고 어머니의 자서전을 들을 수밖에 없었다. 고혈압과 당뇨가 있어 약을 드시던 어머니가 갑자기 심장마비로 돌아가셨다는 말을, 수업이 끝나고 한참이 지나서야 전해 듣게 되었다.

또 한 분은 점을 보시는 시어머니였다. 첫 방문을 하려고 주소를 받아들었을 때 '00보살'이라는 의아한 곳이었다. 두려운 마음으로 찾아간 곳은 정말 하늘 높이 대나무가 꽂힌 점집이었다. 쿵쾅거리는 가슴으로 현관문을 여니 진한 향내가 끼쳤다. 내 표정을 읽은 시어머니가 턱으로 방향을 가리키며 "공부는 저어쪽 방에서 할 거니까 걱정하지 마소."라고 말했다. 나는 기어들어가는 소리로 "아, 네…." 하며 숨을 참고 안내하는 방으로 갔다.

그런데 잠시 후 심한 두통과 함께 속이 울렁거렸다. 머리도 아프고 눈도 아프고 코도 아파왔다. 어찌어찌 첫 수업을 마쳤지만 앞으로 79번을 매 2시간씩 이곳에 있어야 한다는 사실이 심히 걱정이 되었다. 아니나 다를까, 두 번째 방문에서도 두통이 있어 시어머니께 말씀을 드렸다.

"어머니, 제가 머리가 너무 아파…."

하지만 채 말을 맺기도 전에 시어머니가 물었다.

"선생님, 교회 다녀요?"

"네…."

"그렇다니까…, 종교가 달라서 그래."

나는 다음번에도 머리가 아프면 이 가정의 수업은 계속하기 힘드니 교사를 바꿀 수도 있다고 말씀드렸다. 그런데 신기한 것은 세 번째 수업을 갔을 때는 전혀 머리가 아프지 않았고 그 후로도 마찬가지였다.

점쟁이답지 않고 오히려 보통의 어머니보다 더 여리신 그 시어머니 또한 당신이 젊어서부터 고생한 이야기를 하셨다. 힘든 삶을 사신 그

어머니에게 측은지심을 갖다가 언젠가는 한마디를 했다.

"어머니, 정말 점쟁이 맞으세요? 점을 쳐서 잘 사시면 되잖아요."

"하하하…."

시어머니는 한참을 배를 잡고 웃으시더니

"할배가 안 가르쳐 주신다."

라고 하신다. 자신이 모시는 할아버지가 제자의 팔자는 안 고쳐 주신다고 말하면서도 원망은 하지 않으신다.

어머니는 언제나 과일을 내오시면서

"선생님아, 이거는 할배상에 올렸던 게 아이데이. 묵어도 된다."

내가 꺼림칙해 먹지 않을 거라는 생각을 하신 어머니는 제단에 올리지 않았던 과일만 내오셨다. 그러던 어느 날 수업을 갔는데 아주 먹음직스러운 팥시루떡이 시루째 담겨 있는 것이 보였다. 새벽에 새로 차를 산 사람의 고사를 지내주었다고 했다. 예사롭지 않은 내 눈치를 9단인 어머니가 모르셨을 리가 없었을 것이다.

"좀… 드·리·까…?"

"네!"

"그래, 맛있다. 묵어 보소."

정말 맛있었다. 혼자 먹기 아까울 만큼. 그리하여 결국 나는 고사를 지냈다는 날이면 번번이 떡을 시루째 집으로 가져오곤 했는데 아직도 지금까지 먹은 그 어떤 떡보다도 맛있었다고 생각한다. 그 후로는 물론 제상에 올렸던 과일도 흔쾌히 잘 먹었다.

"어머니, 저도 좀 봐 주세요."

"선생님은 점 보지 마라."

"왜요?"

"선생님은 관상이 참 좋다. 점 자주 보면 되레 귀신이 붙는다."

"에이, 제 인상 좋다는 사람은 없어요."

"인상이 아니라 관상이다. 사람은 관상이 좋아야지. 인상만 좋고 관상이 나쁜 사람도 많다. 선생님은 관상이 좋다. 고집은 좀 센데 나쁜 고집은 아이구마. 내 말 들으소. 앞으로도 점은 볼 필요 없데이."

몇 년이 지난 후 아들 내외가 이혼을 하게 되었는데 공항까지 배웅을 나가 한때의 며느리에게 눈물 바람으로 여비까지 챙겨서 보내셨단다. 그 후로 가끔 시장에서 만나면 눈물을 글썽이면서 반가워하신다. 그 눈물이 가버린 며느리에 대한 안타까움인 것을 알지만 내가 할 수 있는 일은 손을 꼭 잡고 힘주어 안아 드리는 것밖에 없다. 이 시어머니 역시 며느리를 아들만큼 귀히 여기셨는데 며느리는 점점 시어머니의 이런 약한 마음을 볼모로 자주 변덕을 부렸고 그때마다 고관절이 으스러지도록 굿을 하여 번 돈으로 며느리에게 금붙이며 명품을 둘러 주었다고 한다.

나의 친정어머니와 비슷한 시절, 비슷한 고생을 하며 살아오신 분들이라 특별히 더 살가웠던 것이 사실이지만 지금까지 내가 만난 다른 학습자의 시어머니들도 새댁들이 한국에 오기 전 그렇게 무섭다고 입소문을 타게 한 장본인은 없었다. 오히려 그 반대의 경우-앞의 두 분 시어머니처럼-를 많이 보아왔다.

세대 간 의식의 차이는 국제결혼이든 국내 일반가정이든 다르지 않지만, 국제결혼일 경우는 문화적인 이해가 선행되어야 한다. 두 분 시어머니의 공통점은 귀하디 귀한 내 아들만큼 며느리를 사랑하셨다는 것이다. 살짝 부족한 아들이라는 것도 두 분이 같으신데 어머니들은 이런 아들에게 와 준 며느리들이 정말 고맙고 귀했던 것이다. 문득 앞 어머니의 딸들에게, 어머니 시대에는 딸들의 마음을 어루만져 줄 표현방식을 습득하지 못했기 때문에 딸들이 어머니를 이해했으면 좋겠다고 말해 준다면, 또한 뒤의 어머니께는 며느리에게 자신이 지닌 귀한 보석을 모두 내어 주고도 버림받았지만, 어머니 식의 충분한 사랑을 표현하셨으므로 이제는 잊으셔야 할 것 같다고 말씀드린다면 나의 상담 점수는 몇 점이나 될까.

정말 기억에 남을 좋으신 분들이 불행을 맞고 아픈 마음으로 사시는 모습에 내 마음도 많이 아프다. 말 그대로 사랑한 죄밖에 없는 분들이다. 아들만큼 며느리를 사랑했더니 상처 난 마음밖에 남은 게 없는 것이다. 어쩌겠는가, 어머니 시대의 사랑법인 것을.

막걸리 이야기

오늘은 우즈베키스탄 새댁 J의 한국어 수업일이다. 여느 때와 다름없이 수업을 시작했다. 그런데 수업 때마다 질문이 많던 J가 오늘따라 질문이 없다. 자꾸만 고개를 숙이기까지 한다. 가만히 보니 열이 있는지 얼굴이 붉다.

"J, 어디 아파요?"

"아니에요, 선생님."

읽기를 시켰더니 영 시원치 않다. 그리고 아까보다 얼굴은 더 색깔이 짙어져 아예 빨간색이 되었다. 눈의 초점도 흐리다. 괜찮아? 열이 많이 나는 것 같은데? 손으로 이마를 짚으려고 몸을 숙이는데 이건 무슨 냄새?

방에서 우리의 대화 소리를 들은 J의 시어머니가 방문을 박차고 나오시더니 황급히 냉장고 문을 여신다.

"아이고, 다 먹었네, 다 먹었어. 없네, 하나도 없어."

사연인즉 어젯밤에 제사를 지냈단다. 음복하면서 막걸리를 소주잔에 부어 주었더니 먹고는 입맛을 짝짝 다시기에 취할까 봐 그만 먹으라 했는데, J는 난생처음 먹어 본 막걸리 맛에 잠을 이룰 수가 없었고 가족 모두 잠든 사이에 몇 잔을 더 먹고 취해서 잠이 들었단다. 그리고 아침에 일어나자마자 시어머니 몰래 홀짝홀짝 먹던 것이 수업 시작 바로 전에는 급기야 병을 비운 것이다. 시어머니의 이야기를 듣는 사이 드르렁~ J는 코를 고는가 싶더니 옆으로 쓰러졌다. 수업 종료다.

언젠가 J는 내게 한국 사람들은 어떤 술을 주로 마시느냐고 물은 적이 있다. 자신은 술을 잘 마시지는 못하지만 와인을 좋아한다고 했다. 남편은 소주를 좋아하는데 소주는 아무리 친해지려고 해도 너무 맛이 없다고 했다. 그래서 나는 막걸리에 대해 설명해 주었었다. J는 한국문화가 신기하면서도 재미있다고 하며 좋아했고 이에 막걸리의 역사부터 이야기를 들려준 적이 있는데 아마 아래와 같은 내용이었을 것이다.

나의 친정아버지는 막걸리가 평생 주식이었다. 일생을 술 한 모금 마셔본 적 없는 엄마가 아버지와 산 70년이 넘는 세월 동안 단 하루도 막걸리를 떨어뜨린 적이 없었다는 사실은 참으로 아이러니하다. 70년 막걸리를 빚으면서도 한 번도 술맛을 본 적 없지만, 아버지는 엄마의 막걸리 만드는 솜씨만큼은 인정을 한다. 엄마의 손맛에 길들여진 탓이리라. 아버지는 여름이면 막걸리에 밥을 말아 드셨다. 나도 어렸을 때 막걸리를 곧잘 먹었다. 막걸리에 설탕을 넣어 화로에 올려놓아 보글보글 끓이다가 적당히 졸면 숟가락으로 떠먹었는데 아주 맛있었다. 또 아버지가 부엌에 가서 막걸리 한 사발 가지고 오라고 하면 나는 박으로 만든 아주 큰 바가지에 아주 작은 표주박으로 막걸리를 두어 번 떠 담아 종종걸음으로 부엌을 지나 대청마루에 올라서며 언제나 한 모금 마시고 나서 아버지께 전달했다.

한동안은 쌀 막걸리를 금지한 적이 있었다. 쌀이 부족해서였는데 모진 시집살이를 시킨 지아비건만 그때마저 엄마는 숨어서 막걸리를 빚곤 했다. 지금도 내가 어지간한 양으로는 술에 취하지 않는데 어릴 때부터 마신 막걸리가 내 몸과 친숙해진 때문이 아닌가 한다.

다시 막걸리가 인기다. 한국인의 몸속엔 막걸리 DNA가 흐른다고 하며 막걸리를 재발견하려는 시도가 끊임없다. 우리의 식습관이 쌀 중심이었다는 것이 자연스럽게 막걸리가 우리의 체질에 맞춰진 이유라고 볼 수 있다. 막걸리는 다른 술에 비해 낮은 칼로리와 함께 활성효소가 많이 함유되어 있어 인체에 필요한 소화 효소의 작용을 돕는 것으로 알려져 있다. 또한 막걸리에 함유된 비타민 B2는 시력 증진에 도움을 준다고 한다.

전국에 막걸리를 만드는 양조장은 600여 개, 생산되는 막걸리의 종류가 1,200여 종에 이르는데 막걸리로 명성을 떨친 포천은 막걸리 박물관까지 생겼다. 강원도 횡성의 이화주, 충북 단양의 소백산 막걸리, 경기도 고양의 배다리 쌀 막걸리, 대구 팔공산 동동주 등 각 지역을 대표하는 막걸리가 생겨나기도 했으며 이들은 지역의 상표를 달고 해외로 수출까지 하여 외국에서도 우리 막걸리가 인기라고 한다.

또한 예전에는 막걸리가 소주나 맥주를 마실 형편이 되지 않는 시골의 농부나 노인들이 술에 대한 동경과 농사일의 고단함, 허기를 채워 주는 것으로 생각했으나 요즘은 대학가에서도 인기가 높다. 20-30년마다 도는 유행이 막걸리로까지 영향을 주었다고는 확언할 수 없더라도, 해도 너무한다 싶을 정도로 밀려오는 외래문화의 유입에 어느 정도 신물이 난 현시점이, 조용히 인내하고 있는 우리의 옛 음식을 찾게 했는지도 모르겠다. 술은 건강에 좋지 않지만 막걸리라면 조금의 예외가 될 것 같다. 절에서도 막걸리를 '곡주'라 하여 먹는다고 하지 않는가. 내 아버지 또한 70년 이상을 함께 한 막걸리건만 아흔 가까이 살면서 병원에는 다섯 손가락을 꼽을 만큼도 가지 않았으니 그 비결을 막걸리에서 찾아도 과언은 아닐 듯하다.

J는 이번 수업 시간 내에는 일어날 것 같지 않아 시어머니와 이야기를 나누었다. J의 시어머니는 J를 딸처럼 여기신다. 딸이 없기도 하고 또 먼 나라에서 신랑 하나 보고 왔는데 모국의 가족들 생각하며 눈물지을까 봐 세심하게 배려하시고 아들 부부가 다투어도 늘 아들을 혼낸다. 며느리 친정어머니와 여동생을 초청하여 지내는 몇 달 동안도 한결같이 돌봐 주었으며 지병 치료도 지원해 주고 돌아갈 때는 여비도 두둑하게 챙겨 주셨다. 뿐만 아니라 친정의 열악한 살림살이 일체를 바꾸어 준 것도 당신이었다며 뿌듯해하셨다. 임신을 했을 때도 귀하고 좋은 음식, 모국 음식을 특별히 구해 온 것도 시어머니셨다. 어머니는 맏아들이 있지만 손주는 처음이다. 그래서 누구보다 J의 임신을 반가워하셨고 아들을 닮은 손녀가 태어났을 때 기뻐서 우셨다고 한다. 이야기를 나누는 내내 세상의 모든 시어머니가 이러시다면 참 좋겠다는 생각이 들었다.

큰 눈을 반짝이며 입맛까지 다시면서 막걸리에 대한 이야기를 듣던 J는 지금 그 술에 취했다. 술을 마신 후 잠자는 것도 주사(酒邪)라고 하던데, 좋아하는 막걸리 원 없이 먹고 잠자는 주사라면 한 번쯤 부리는 것도 괜찮을 것 같다. J는 너무 맛있는 막걸리를 먹고 그 어렵다는 시어머니 앞에 널브러져, 술 냄새 풀풀 풍기며 무슨 꿈을 꾸고 있을까. 그리운 우즈베크의 가족을 만나고 있을까.

엄마의 가슴팍을 뚫는 백일 된 딸을 밀어내던 모성, 입을 오물거리며 칭얼거리던 젖먹이조차 외면하며 돌아눕게 하던 막걸리. 그래, 막걸리, 오늘은 막걸리가 잘못했네, 잘못했어.

미역국을 끓이며

비혼주의자 큰딸을 제치고 작은딸이 출산을 했다. 미역을 빨다가 문득 누군가에게 해주는 산후바라지가 처음이 아니라는 확신이 들었다.

방문수업 초기였다. 한창 결혼이주여성들이 물밀듯 들어올 때 O의 가정에 한국어 수업을 들어갔다. 임신 중기였는데 배가 아주 많이 불렀다. 나이가 곱의 차이가 나는 남편은 사람만 좋은 분이었다. 일은 하지 않으나 꿈이 매우 커 앞으로 컴퓨터를 배워 프로그래머가 되겠다는 계획만 가진 O의 남편은 내 남편과 성이 같은데 촌수를 따지면 내가 조카며느리뻘이라며 말까지 놓아버렸다. 아무것도 준비되지 않은 상태에서 출산일이 다가오니 당장 수업을 들어가는 나는 걱정이 태산인데 부부는 아무런 걱정을 하지 않았다. 걱정을 해도 남편이 할 것이므로 아내야 그렇다 쳐도 남편까지 태평이니 조바심이 많은 내가 안절부절 못했다.

쓰러져가는 주택에 세탁기도 털털거리다 멈추기를 반복하고 여름에 모기가 무방비로 드나들고 겨울엔 바람이 또한 그랬다. 선풍기조차 꺽꺽거려 행여 고장이 날까 틀지도 못했다. 방을 침대가 차지해 버려 수업할 장소도 없어 부엌 싱크대 앞에 쪼그리고 앉아 하수구 냄새를 벗삼아 수업을 했다. 그마저 말이 통하지 않는 아내와 답답하게 지내다가 내가 방문하자 대화 상대를 제대로 만났다고 생각한 남편이 상담을 핑계로 자리를 틀고 앉는 바람에 아내만의 한국어 수업은 원활하지 못했다.

아기가 너무 커 출산이 한 달 정도 앞당겨진다고 했다. 출산일이 다가오자 대책이 있는지 물어보았는데 상상을 초월하는 대답이 돌아왔다.

"알라 낳는 게 뭐 힘드나. 내가 옛날에 소 새끼를 많이 받아 봤거든. 일단 소가 나오기 시작하면 앞발부터 나온단 말이오. 그러면 사람이 앞에 있다가 앞발을 잡고 잡아당기면 쑥 나와. 알라도 똑같지 뭐."

"세상에! 어떻게 사람하고 소하고 같아요? 애기는 머리부터 나와요. 그리고 요즘 누가 집에서 애를 낳아요. 병원에 가야지."

"참내, 무슨 선생이 애 낳는 걸 몰라? 애를 셋이나 낳았다며?"

"어떻게 애가 팔부터 나와요? 머리부터 나오죠."

"에헤이, 이렇게 뭘 모르네. 소하고 똑같다니깐?"

순간 나는 '아, 내가 잘못 알고 있나?'라는 생각을 했다. 선생이기 전에 엄마라는 사람이, 그것도 애를 셋이나 힘을 주어 낳은 사람이 자식을 처음 보는, 그것도 남자에게 세뇌당하는 우스운 꼴이 발생한 것이다. 아무튼 O의 남편은 자신이 애를 잡아당겨 빼낼 테니까 선생님은 걱정을 말라고 못을 박았다. 진통이 오면 119에 무조건 연락하라고 말해

놓고 혹시 아기엄마가 너무 작은 반면 배가 너무 크니 자연분만이 어려울 수 있으므로 수술을 하면 출산비용이 많이 나올 거라고 했지만 O의 남편은 대답도 하지 않았다. 하긴 출산을 기다리는데 병원비는 당연히 마련되어 있을 것이므로 쓸데없는 기우라고 속으로 나 스스로를 책망하였다.

이틀 후 수업을 갔는데 결국 전날부터 가진통이 와 주의사항과 출산 전후 몸관리 등을 전해주고 진통이 시작되면 내게 연락을 하고 119를 부르라고 거듭 신신당부했다. 지금도 생각하면 어찌 부부가 둘 다 그리 태평할 수 있는지 신기할 따름이다. 친정어머니가 출산을 도우러 온 것도 아니고 먹을 음식이 있는 것도 아니다. O에게 미역국을 끓여주겠다고 했더니 미역 냄새가 싫어 안 먹겠다는 것이다. 지자체의 지원으로 쌀과 김치가 쌓여 있어서 그나마 다행이었다. 아무런 대책도 없이, 당장 애가 나와야 하는데 남의 일인 듯 여기는 그 초연함을 배우고 싶을 정도였다.

어찌되었건 다음날 출산을 했다. 남편의 계획대로 소를 낳을 때처럼 낳으려고 시도를 했는지 어쨌는지는 지금도 의문이지만 병원에 갔더니 남편은 아들을 낳았다고 병원이 떠나갈 듯이 웃으며 "이놈이 앞으로 판사 정도는 해 먹어야 한다."고 너스레를 떨었다. 자연분만을 했으므로 2박 3일 후에는 퇴원을 해야 한다. 산모가 병원에서 나온 미역국을 깨작거리자 남편이 빼앗아 밥을 말아 훌떡 먹어 치웠다. 그리고 유쾌한 아이의 아버지는 결말 역시 해피엔딩이었다. 다문화센터에서 센터장이 나서서 병원장과 병원비 관계로 면담이 이루어지는 시간에도 해맑은 웃음으로 병원 간호사들에게 아들 자랑을 하느라 바빴고 간호사가 내일 오전 퇴원하시면 된다고 하자 웃음소리는 더욱 호탕해졌다.

그러는 사이 나는 집으로 돌아와 미역국을 끓였다. 아무리 산모가 안 먹는다고 선언을 했고 병원에서도 부드러운 미역국이었음에도 삼키지 못하고 들이 씹고 내 씹고 했지만 산후엔 미역국을 꼭 먹어야 한다고 헌법에 나온 것처럼 의무감이 들었다. 산모용 미역을 사놨는데 계획은 '갖다 준다'는 것이었지만 상황으로 봐서 내가 끓여야 했다.

산모용 미역은 부러뜨리거나 꺾으면 산모가 허리가 아프다는 옛말을 들은 터라 긴 올의 미역을 서서히 물에 담가 불렸다. 충분히 불린 다음 줄기에 붙은 미역을 하나하나 뜯어 치대어 빨았다. 그런 후 큰 곰솥에 홍합과 전복을 손질하여 들기름에 볶고 빨아놓은 미역을 함께 볶았다. 쇠고기는 치아에 무리가 갈 수 있어 당장은 안 넣었다. 족히 세 시간을 끓이고 나의 친정어머니가 나의 가족을 위해 만들어 오신 조선간장과 들깻가루를 넣었다. 혼자 들지 못해 경비아저씨를 대동하여 차에 싣고 O의 집으로 가는 내 발걸음은 지금의 내 딸에게 하는 마음보다 어쩌면 더했을 것 같다.

아무 말 없이 비장하게, 그러나 내심은 '안 먹으면 어쩌나, 제발 먹어주기를….' 기도하는 마음으로 냉면 그릇에 미역국을 한 그릇 뜨고 고봉밥을 떠 집에서의 첫 미역국을 주었다. 꼭 먹어야 한다고 단호하게 한마디만 곁들였다. 떨떠름한 표정으로 나의 눈치를 한번 살핀 다음 산모는 국의 맛을 보았다. 그러더니 놀랍게도 밥을 그릇째로 국에 들이부어 한 그릇을 뚝딱 먹어 치웠다. 조금 있다가 또 달라고 했고 그만큼을 또 먹었다. 내 가슴의 체증이 쑥 내려갔다.

돌봐 줄 사람이 없는 고로 자동적으로 내가 몸조리를 맡았다. 벌벌 떨리는 손으로 아기를 씻기기 시작했고 기저귀를 갈고 옷을 삶았다. 세탁기가 소음이 심하여 무섭기도 해서 그냥 손빨래를 했다. 아이 빨래, 엄마 빨래, 게다가 철없는 아빠 빨래까지. 한 달을 꼬박 그렇게 하는 사이 미역국도 몇 번 더 끓였고, 점점 산모가 먹는 미역국보다는 아이 아빠가 더 많이 먹게 되어 아이 아빠에게 미역국 끓이는 방법을 전수했지만 자신은 맛이 나지 않는다며 '조카며느리'가 끓이라고 명령을 했다.

또 한 번의 산후조리가 있었다. 산모가 내 큰딸과 동갑이라 더 정이 갔던 새댁이다. 병원에서 퇴원하는 날, 자신의 남편 차가 트럭이라 출산한 몸으로 탑승이 쉽지 않아 선생님 차를 타고 집에 가겠다고 하였는데 정말 자신이 없었다. 작은 모닝에 산모와 신생아까지 태우고 가기는 도저히 용기가 없어 회사에서 일을 하고 있는 내 남편을 불러 퇴원을 시켰다. 역시 몸조리해 줄 이가 없어 먼젓번 O처럼 해주었는데 그만 나의 시댁에 상이 생기고 말았다. 상가에 간 후에는 한 달 정도를 신생아와 만나지 않는 게 좋다고 하여 세 주만 해주게 되었다. 그 아이가 벌써 초등학교 6학년이다. 제 엄마를 닮아 고운 얼굴에 키가 훌쩍 큰 사춘기의 여학생이 되었다.

내 딸에게는 몸조리를 2주 해주고 내려갈 것이다. 조리원은 가지 않겠다고 하여 내가 개학하기 전 먼저 해주고 가면, 집으로 산후 도우미를 부르기로 했다. 남의 딸은 3~4주를 해주고 내 딸은 2주를 해주고 내 일을 위해 내려가야 하는 마음이 무겁다. 위로라면 사위가 어쩌면 장모보다 살뜰하게 제 아내를 챙길 것이라는 믿음이 있다.

방문수업을 하면서 출산하는 경우를 여러 차례 보아왔다. 새댁들이 임신을 하면 출산을 도우러 대부분의 고향 부모가 들어온다. 임신 초기에 들어와서 아기를 낳을 때까지는 사실상 할 일이 없으므로 일손 모자라는 농촌에 가서 일을 하여 용돈을 벌기도 한다. 그러다가 출산을 하여 딸이 몸을 추스릴 때까지 친정어머니가 그들 나라 식의 산바라지를 한다. 우리나라의 산모들은 미역국을 먹으며 몸을 덥게 하여 땀을 내면서 해산 후의 오로나 몸의 안 좋은 기운들을 배출하고 붓기를 빼기 위해 호박 달인 물을 먹는다.

베트남이나 필리핀 사람들은 미역국 대신 돼지 족발, 닭을 삶은 물을 마시고 중국의 경우는 죽이나 계란, 술을 먹는다고 한다. 나라별 산후 먹는 음식은 다르지만 동남아 등 아시아 쪽의 공통점이 있다면 몸을 따뜻하게 하고 한 달 정도 쉰다는 것이다. 반면 미국이나 유럽에서는 아기를 낳고 30분이 지나면 샤워를 하고 시원한 주스를 마신다. 음식도 평소와 같이 빵과 커피, 샐러드를 먹는다고 하니 출산을 하는 행위는 같은데 너무 다른 음식에 궁금증이 생긴다. 어디선가 그 이유를 분석한 글을 본 적이 있다.

아시아 여성들은 골반 크기가 작은 데 비해 유럽 여성들은 골반이 크며, 아기의 머리 크기 또한 동양인보다 유럽인이 작으므로 그들은 몸조리가 필요치 않다는 것이라는데, 또 다른 글에서는 그것은 전혀 검증된 출처가 없으므로 믿을 필요가 없다고 한다. 하지만 개인적인 견해로는 전자가 더 사실적이며 논리적인 것 같다.

생명의 탄생은 신기하면서도 엄숙하면서도 노파심이 따른다. 아이를 낳으면 안도와 함께 긴장감이 풀리면서 성별에 이어 가장 궁금한 것이 손가락 발가락의 수가 열 개인가이다. 거의 모든 아가들이 열 개지만 내 아이의 손·발가락의 개수를 전해 들을 때까지는 가슴이 두근거린다. 어제 태어난 내 손자도 그랬다.

"아기가 어째 너를 하나도 안 닮았냐…."

"크다 보면 닮겠지…. 너무 실망하지 마…."

딸이 나를 위로한다.

귀가 歸家

보통 우리는 남편과 다투고 가출을 하면 친구를 불러내어 밥이나 차를 함께하며 수다를 떤다. 좀 더 나가면 남편을 안주 삼아 호프를 홀짝거리기도 한다. 그리고는 집에 들어가 한두 끼 굶은 남편에게 미안한 마음을 조금 넣은 식사를 준비한다. 아, 우리라고 일반화한 것은 나의 오류일지도 모르겠다. 나는 그렇다.

E가 집을 나갔다. 친구 집에 간 것도, 커피숍에 간 것도, 호프집에 간 것도 아니다. 삼천리를 벗어나 자기 나라로 갔다. 오래 사귀던 한국 사람끼리 결혼을 해도 서로 다른 집안의 문화로 한동안 충돌한다. 나와 주위의 경험으로는 아마 상대방을 나에 맞게 길들이려는 기(氣) 싸움이지 않았나 싶다. 당시에는 그냥 성격대로 부딪쳤는데 지나고 나니 배경이 그랬을 것 같다.

나를 예로 들자면 나는 예나 지금이나 정리정돈을 못 한다. 반면 정리정돈을 잘하는 남편은 퇴근하면 자주 '좀 치우지.'라고 얘기를 했고 나름대로 퇴근 시간에 맞춰 치웠다. 하지만 남편은 치운 날이나 치우지 않은 날이나 똑같은 말을 했다. 나는 치우느라 스트레스 받고 남편은 어지러운 집안에 스트레스 받는 날이 계속되었다. 문제는 치웠는데도 치우지 않은 것처럼 보인다는 것에 있었다.

셋째아이가 백일이 되었다. 시부모님과 친정부모님이 집으로 오시기로 해서 나는 거의 일주일 전부터 정리 계획을 세우고 실천에 들어갔다. 그리고 이틀쯤 전에는 만족스럽게 정리가 되었다. 드디어 백일, 시아버님이 현관문을 들어서면서 하시는 첫마디가 "아따, 그놈들 어지간히 어질러놨구나!"였다. 나는 충격을 받았다. 그래서 곰곰이 생각을 했다. 그리고 결론을 내렸다. '나는 치우는 것을 못 하는구나!'.

그다음부터는 스트레스를 받으면서까지는 치우지 않았다. 너무 깔끔한 남편도 문제인 것이다. 객관적으로 이만하면 되겠다, 생각되는 데까지 했다. 다음부터 남편은 치우라는 말을 하지 않았다. 대신 행동의 변화가 생겼다. 본인이 치우는 것이다. 하지만 아이들 장난감을 아무리 열심히 치우면 뭐하나, 바로 다시 치우지 않았을 때와 같은걸. 본인이 터득한 후에는 자신도 손을 놓았다. 남편이 집안이 어지러워서 스트레스를 받는 것 같지는 않다. 오히려 성격이 쿨한 쪽으로 바뀌어 갔다. 생각을 바꾸면 이해 못 할 것이 없다고 본다. 내 생각만 옳으면 그야말로 무인도에 가서 혼자 살면 되는 것이다. 성장할 때까지 모두 다른 생활로 다른 문화를 경험하며 살았는데 결혼했다고 어느 쪽으로 흡수당하는 것은 남은 한쪽의 희생을 요구하는 것이다.

내 가정의 예를 집안 정리로 들었지만 국제결혼 가정에는 사실 이런 문제보다는 좀 더 큰 문제로 부딪친다. 라이프 스타일, 음식, 가족 문제

등 문화가 다른 건 당연한 것이지 놀라울 것이 아닌데 서로 다른 문화를 이해하지 못하는 것에 문제가 있다. 가정 속으로 들어가 보면 대부분 이런 문제로 불화를 겪는다. 아쉬운 것이 있다면 대부분 아내보다 인생을 더 산 남편이 더 많이 이해를 해야 할 것 같은데 그렇지 않다는 것이다.

가끔 남편들이 하소연을 하는 걸 보면 '한국에 왔으면 한국 음식을 먹어야지 밥도 안 해 주고 저만 자기 나라 음식을 먹는다', '아침에 일을 나가도 일어나지도 않는다', '본가에 안 간다', '같은 나라 친구 집에 가서 잔다' 등등 확연히 다른 문화적 차이를 보여 준다. 그러면 나는 내심은 살짝 놀라지만 티를 내지 않고 "아니, 그럼 다른 나라에서 성인이 되었는데 우리나라 사람과 같기를 바라셨어요? 이런 문화 차이도 생각지 않고 결혼하신 거예요?"라고 하면 많은 남편들이 "아, 그런가요?" 하며 꼬리를 내린다.

방문수업을 하면서 우리 지도사가 남편들과 더 친해야 한다는 것은 다년간의 경험으로 터득한 실학이다. 시부모가 있는 집은 물론 시부모 교육부터 해야 한다. 주요 학습자는 분명 결혼이주여성인데 이들만 변해서는 오히려 가정의 불화가 생기기 쉬운 것이다. 시대가 변했으나 절대로 변하지 않는 가족문화를 움켜쥐고 있는 시부모와 남편에게 다문화센터에서는 많은 비용을 들여 교육을 실시하고 있지만 참여율은 저조하다. 그래서 우리 방문지도사들이 나서야 한다. 나이가 든 지도사일수록 다문화가정에 더 신임을 준다는 것도 오랜 체험의 결과이다.

나는 수업을 하면서 내가 살아온 이야기를 많이 하는 편인데 교과서 교육보다 효과가 훨씬 크다. 내 시댁의 가풍이 유교적 색채가 짙은 탓에 한국의 가부장적 가장에 대해 설명해 줄 수가 있고 신랄하게 비판하여 공감을 줄 수 있다. 혹여 남편이 비슷한 의식을 가진 사람이라도 우리 시대에 비하면 그 크기가 아주 작다는 것에 새댁들은 위안을 받는다. 사람을 설득하는 능력이 내게 있다는 것을 깨달은 것도, 또 절대로 변하지 않는 사람은 없다는 것도 방문수업을 통해서다.

E는 한국 남자와 재혼을 하여 잘생긴 아들을 두 명 두었다. 본국에 딸이 있는데 E가 키우지 않으므로 매달 양육비를 보낸다. E는 지금처럼 가출을 하면 뒤도 안 돌아보고 두 아들을 데리고 본국으로 간다. 그리고 길게는 1년을 지낸다. E는 마음이 여리다. 당연하지만 어디에 가든 아이들을 꼭 데리고 간다. 작년에도 간 적이 있는데 그때는 아이들이 올해보다는 어려서 돌보는 것이 조금 나았다. 연례행사처럼 올해도 갔다. 그리고 4개월이 지나 돌아왔다. E는 내게 전화를 해서 다짜고짜 이렇게 말한다.

"선생님, 어제 왔어요. 이젠 싸워도 안 가요!"

E에게서 이제 남편과 싸워도 '이혼'이라는 단어를 언급하지 않아도 되며, 이 나라를 떠나지 않아도 되게 한 것은 딸이었다. 엄마는 본국에 두고 온 딸이 마음에 걸려 한국 남편과 불화를 핑계로 비행기를 탔던 게 아닐까 하는 생각이 든다. E 가정에 수업을 들어가면 아이들에 대해 상담을 많이 했다. 아이들이 자라니만큼 양육과 교육에 대한 정보가 많이 필요했던 것이다.

아이 셋 키운 나는 이들에게 무궁무진한 양육과 교육문화를 알려 줄 수가 있다. 공부 잘하는 아이, 못하는 아이, 인물이 좋은 아이, 못난 아이, 성질이 온순한 아이, 불같은 아이를 골고루 가지고 있는 엄마는 전천후 선생님인 것이다. E는 본국에 있는 딸 이야기를 많이 했다. 사춘기의 딸에 대한 걱정이 많았다. 그러다 보니 남편과 다투면 짐을 싸서, 비행기를 탈 일은 아닌데도 훌쩍 날아가는 것이다. 그리고 딸과 함께 지내다 오는 것이다.

아홉 살 딸을 두고 나왔을 때 딸의 모습이 늘 눈에 밟혔다고 한다. 딸을 한국에서 키우려고 데려온 적도 있는데 한 달을 지내더니 아빠에게 가겠다고 하여 돌려보냈다. 딸의 사진을 보면 예쁜데도 표정이 굳어 있다. 늘 엄마를 미워하는 마음을 가지고 있다고 한다. 그래서 엄마는 딸이 있는 곳에서 못다 한 엄마의 역할을 한다. 갓 대학에 입학한 딸이 몇 년 전에는 한국의 아기 동생들을 데려가면 엄마가 없을 땐 무섭게 노려보기도 하고 꼬집기도 했다고 한다. 엄마의 사랑을 빼앗아 간 대가를 치르게 하는 것이다. 마음 약한 엄마는 그 모습을 보고 절망을 하며 딸 앞에서 폭풍 눈물을 쏟았다고 한다.

그런데 이제 딸도 대학생이 되었고 엄마를 이해한다고 했단다. 이젠 엄마를 미워하지 않겠다고 나를 위해 오지는 않아도 된다며 엄마의 행복을 기원한다고…. 눈물이 유난히 많은 엄마는 아마 눈물 바람으로 비행기를 탔겠지. 그리고 몸은 이곳에 있어도 본국의 딸에게 있던 '마음'의 반도 이젠 딸에 대한 믿음으로 바뀌어 안정감을 찾으리라 본다.

한창 돌아다니는 두 아들을 데리고 외출하는 것 자체가 모험인 것을 알면서도 이 나라를 떠나려고 마음먹은 그 마음도 이해를 해야 한다. E는 두 아들에게도 엄마지만 본국의 딸에게도 엄마인 것이다. 어쩌면 첫 아이에 대한 사랑은 더 절대적이고 애틋했으리라. 엄마의 돌봄이 없이 사춘기를 나느라 얼마나 힘들었을까. 엄마는 또 여름날 소나기처럼 눈물을 쏟으면서도 웃는다.

"이제는 안 갈 거예요. 두 남자아이를 혼자 돌보는 것은 정말 힘들거든요. '여기 있어요' 하면 어느새 저쪽에 가 있고 한 아이를 찾아 놓으면 한 아이가 없어지고. 아이들이 감기에 걸려도 차가 없어서 병원에 가기도 힘들어요."

딸에 대한 걱정이 덜어지니 이제 온전히 돌보지 않으면 안 될 아가들이 보이는 것이다. 나는 E의 손을 꺼내 새끼손가락을 걸었다. 이어서 E가 지장을 찍고 함께 사인을 했다. 그리고 나는 힘껏 오래오래 E를 안아주었다. 발걸음 가볍게 돌아오는데 어깨가 축축했다. E가 내 어깨에 실례를 했네….

역지사지 易地思之

막 운전면허증을 딴 H에게 전화가 왔다. 사고가 났다는 것이다. 빨리 오라고 겁에 질려 울고 있었다. 한국말도 서툰데 옆에서 남자의 큰소리가 들렸다. 일단 경찰에 신고를 하라고 했는데 남자가 신고할 필요가 없다고 했단다. 사태가 사태인지라 수업 중이던 학생에게 양해를 구하고 현장으로 달려갔다.

커브 길에 주차해 놓은 트럭을 H의 차가 친 것이다. 길은 한적했으며 충분히 넓었고 H 역시 그 정도는 차가 돌아질 줄 알았다. 살짝 기스만 간 트럭에 비해 H의 차는 범퍼가 떨어지고 전조등이 깨졌다. 트럭 아저씨가 왔었고 상황을 본 아저씨가 아마 본인(트럭)의 과실(주차 문제)을 피하고자 큰 목소리를 낸 것이라는 짐작이 들었다. 트럭 아저씨는 '이렇게 넓은데 아무리 초보라도 일부러 차를 치러 오지 않는다면 칠 수 없다', 또 '지금까지 줄곧 여기에 대어 놓아도 문제가 없었다'며 더욱 우리의 기를 죽였다. 내가 봐도 운전자가 그 트럭을 치는 경우는 극히 드물테지만 어쨌거나 주차가 허용된 공간은 아니니까 아저씨는 오버해서 말하는 듯했다.

트럭 아저씨에게 우리의 잘못이 큰 것을 시인하니 갑자기 마음씨 푸근한 이웃집 아저씨로 변했다. 보험처리를 안 하기로 했다. H의 차가 범퍼와 전조등만 바꾸면 비용도 생각보다 비싸지 않아 친절하고 과잉 정비를 안 한다는 트럭 아저씨의 지인 정비공장에 수리를 맡겼고 H는 그제서야 눈물을 닦았다.

돌아오면서, 운전의 초기에는 작은 사고의 교훈으로 오히려 운전에 큰 도움이 된다는 이야기와, 사고가 났을 때 차에서 빨리 빠져나오기, 현장 보존을 위해 사진을 찍거나 바퀴 자국 표시하기, 경찰·보험 부르기 등 당황함 가운데서도 꼭 해야 할 일들을 알려주었다. 곁들여 울기부터 하는 것은 상대적으로 불리하다는 점도 일러 주었다.

다문화센터에서 결혼이주여성들을 위해 운전 교육을 한다. 운전학원에 개인적으로 등록하는 비용의 반만 부담하면 돼서 한국어 중급 이상이면 대부분 일단 면허증을 딴다. 용어 이해가 부족하여 한 번 정도 필기와 실기에서 떨어지는 경우가 있지만 H처럼 영리한 새댁들은 한 번만에 붙는다. 무섭다고 겁을 내던 이들도 막상 면허증을 따면 바로 차를 운전하고 의외로 중형 이상의 차를 대범하게 몰기도 한다.

초보운전일 때는 한국 사람이라도 억울한 경우가 많다. 쑥 들어오는 앞지르기에 놀라고 빨리 안 간다고 등을 쏘아가며 빵빵거리는 것에 심장이 쪼그라들고 순간적으로 운전면허증을 딴 걸 후회해 보기도 한다. 또 꿈에 그리던 운전을 하려고 멋지게 폼잡고 선글라스와 장갑을 착용하고 신나는 음악을 틀어놓지만, 실상 마음은 금방 먹은 밥이 체할 정도로 긴장해서 운전대를 잡으면 정신이 혼미해지고 나도 모르는 사이에 차선이 바뀌어 있다든가 음악 볼륨이 아주 시끄럽게 높여져 있어도 이를 인지하지 못하기도 한다.

운전하다 보면 사고가 날 뻔할 수도 있고 나기도 한다. 그럴 때 누구나 당황하는데 암묵적으로 목소리가 큰 사람이 유리한 경우가 존재한다. 일단 여자들은 운전 기술이나 규칙에 대해 남자보다 잘 모를 수 있으니 상대가 남자라면 우선 기가 죽는다. 하물며 금방 면허증을 딴 결혼이주여성들이야 오죽하겠는가. 부드럽게 이야기해도 눈물을 쏟을 판인데 일단 소리부터 지르니 말이다.

한번은 H가 운전하는 차를 탄 적이 있는데 이 길인가, 저 길인가 살짝 헤매고 있는데 빵빵거리는 뒤차 때문에 허둥대다가 사고가 날 뻔했다. 일단 도로에 올라서면 기어서라도 가던 길은 가야 하는데 이미 옆 차 뒤 차의 다그침에 혼이 반쯤 빠진 초보운전자를 닦달하여 얻게 되는 우쭐함이 그리 좋은지. '초보운전'을 붙이고 다니는 차는 묵시적인 면책권? 같은 게 있는데 통하지 않는 사람도 있긴 한 것이다. 흔히 볼 수 있는 풍경인데도 소심한 초보들은 간이 콩알만 해진다. 요즘은 남녀를 불문하고 대부분 운전을 하지만 몇 년 전만 해도 남자가 거의 운전을 했다. 그때는 여자 운전자들이 하도 '들어가서 밥이나 해라.'라는 말을 들어서 오죽했으면 '밥 해놓고 나왔습니다.'라고 붙이는 시위를 하기도 했다. 요즘은 본인들의 아내도 운전을 많이 하니 이런 문제로 왈가왈부하는 풍경은 없어진 듯하다.

반면 고마운 사람을 만나는 경우도 있다. 30년도 훨씬 전의 일이다. 그때 딸들이 3살, 4살쯤 되었을 것이다. 첫 차로 프라이드를 사서 나들이를 갔다. 온 가족 네 명은 자가용을 타고 놀러 간다는 것에 들떴고 속초에 무슨 콘도를 향해 가고 있었다. 그러다가 주유소에 가기 위해 방향지시등을 넣고 반대편 도로의 차가 지나가기를 기다리고 있는데 어디선가 "쾅!" 하는 소리가 났다. 우리 뒤를 따라오던 관광버스가 공사 중인 가건물을 들이받아 난 소리였다. 버스는 앞 유리 쪽이 심하게 찌그러졌다. 나는 그 사고가 우리와는 무관한 줄 알았다. 그런데 아니었다. 버스기사는 서 있는 우리 차를 받지 않기 위해 가건물을 들이받는 것을 선택한 것이다. 시간에 쫓겨 고갯길을 급하게 내려오다가 주유소를 들어가기 위해 기다리고 있는 우리 차를 늦게 보았다고 한다. 처음엔 버스기사가 남편에게 화를 냈다.

"거기 그렇게 서 있으면 어떡해요?"

"주유소로 들어갈 수 있다고 선이 끊겨 있지 않습니까?"

잠시 후 버스회사에서 사장이 왔다. 남편이 나갔고 다음에 내가 나갔고 그다음에 꼬물꼬물 딸들이 내렸다. 그러자 멋지게 양복을 차려입은 버스기사가 땅에 털썩 주저앉았다. 본인이 찰나의 선택으로 가건물을 들이받았는데, 만약 우리 가족이 탄 차를 들이받았으면 어떻게 되었겠느냐고 말하며 아무것도 묻지 않을 테니 아기들 데리고 빨리 가라고 했다. 그리고는 어찌된 일인지 그 아저씨는 우리 가족을 보고 '고맙다'고 했다. 그때 나는 잘 몰랐다. 왜 아저씨가 우리한테 고맙다고 말했는지.

물론 우리가 교통규칙을 위반한 것은 아니지만 결국 우리 때문에 버스 회사는 막대한 손실을 입은 것은 분명한데, 그땐 몰랐다. 지금도 그 아저씨가 생각난다. 아마 지금의 우리 나이쯤 되셨을 것이다. 건강하게 오래오래 복 받고 사셨으면 좋겠다. 그래서일까, 운전을 하게 되면서는 늘 그 아저씨가 생각나고 몇 번 내가 사고를 냈을 때 상대 운전자가 억울하지 않도록 100% 나의 과실로 보험처리를 해 주었다. 또 이런 긍정적인 마인드의 영향인지 다른 차가 내 차를 친 적도, 그래서 내가 억울한 경우도 지금까지는 발생하지 않았다.

평소에는 선하고 양보심 많은 사람도 운전석에만 앉으면 돌변하는 경우를 왕왕 본다. 실제로 며칠 전, 조금만 옆으로 비켜주면 흐름이 원활할 텐데도 모르쇠로 일관하는 사람을 본 적이 있다. 다른 운전자가 욕을 하자 싸우려고 좇아가는 것 같았는데 부디 싸우지 않고 잘 해결되었으면 좋겠다.

도로에만 나오면 헐크로 변하는 사람들 심리에 있는 배경이 궁금하다. 누구든 처지를 바꾸어 생각해 보면 이해 못 할 일도 용서 못 할 일도 없다는 걸 늘 생각하면 좋겠다. 사고는 나만 잘한다고 안 나는 것도 아니고 누구나 낼 수도 당할 수도 있으며 그래서 자동차보험으로 위안을 받는 것인데 그리 언성 높일 일이 무엇인지.

한동안 운전할 수 없을 것 같다던 H는 언제 그랬느냐는 듯 도로 위를 종횡무진한다. 앞으로 도로 위의 모든 광경을 목격하고 경험할 텐데 모쪼록 첫 사고가 교훈이 되어 Best Driver가 되기를 바라본다.

지나는 소풍 중

또 가을이다. 가을이 되면 반복되는 수업이 있다. 바로 단풍이다. 지난주에는 단풍을 아직 본 적이 없는 지나에게 단풍을 가르쳐 주었다.

- 우리 지역은 단풍이 아주 예쁘다. 그 이유는 계절의 기온 차가 크기 때문인데 우리가 사는 동해의 가을은 낮에는 덥고 밤에는 춥다. 그래서 단풍 색깔이 무척 예쁘다. 특히 무릉계곡에 가면 알록달록 예쁜 단풍을 많이 볼 수 있다. 많은 사람들이 무릉계곡의 단풍을 보려고 멀리서도 온다. -

한국어와 짧은 영어, 사전과 바디랭귀지를 동원하여 관광 안내까지 해 주었다. 설명으로는 모자라 단풍 사진까지 보여 주어도 지나는 어글어글한 두 눈에서 의심과 호기심의 빛을 감추지 못하더니 드디어 남편을 채근하여 무릉계곡에 소풍을 다녀왔단다. 지나는 반짝반짝 눈망울을 빛내며 자신이 찍은 사진과 함께 '원더풀, 뷰리풀!'을 외치며 단풍 구경을 다녀온 소감을 이야기했고 나 또한 자신의 수업에 뿌듯한 보람을 느끼려는 찰나 지나에게서 질문이 들어왔다.

"선생님, 그런데 단풍 컬러가 안 똑같아요. 빨간색, 노란색, 갈색…, 왜 다 단풍 디퍼런트?"

헉! 강적을 만났다. 지금까지 이런 질문은 없었다.

"응? 단풍 색깔? 음…, 그것은 나무마다 들어있는 멜라닌 색소의 양이 다르기 때문이에요."

다행히 지나가 고개를 끄덕이는 것으로 모면을 했다.

이들은 내게 끊임없이 질문을 하며 난 이 친구들의 질문에 대답하기 위해 늘 바빠야 한다. 초등학교 때 배운 내용을 소환해야 하고 눈치채지 못하게 스마트폰을 뒤져야 하며 인내력의 바닥을 보이지 않기 위해 미리 안면 근육을 이완시켜야 하는 것도 오랜 기간의 경험으로 터득한 수업 방법이며 필살기이다.

지나는 궁금한 것이 매우 많다. 얼굴 표정에서 벌써 알 수 있는 것이 큰 눈망울과 다물지 못하는 입이다. 도저히 이해할 수 없다는, 정말인지 의심까지 품은 그 눈은 송아지 눈보다 작지 않을 것 같고, 예쁘기만 한 작디작은 새댁의 입이 저만큼 컸었나 놀라게 한다. 지나 또래의 한국 여자들은 지금 새내기 대학생이라고 한창 들떠 있을 나이이다. 서울로 대학을 간 지나와 동갑인 내 딸은 처음 서울로 갈 때엔 주말마다 올 거라며 찔끔찔끔 눈물까지 짜내더니, 가끔 좋아하는 그룹의 콘서트에만 가던 서울 풍경을 매일매일 볼 수 있다는 것에 들떠 고향 집은 잊은 지 오래다. 입학하고 처음 친 시험은 학사경고를 예견하고 있지만 전혀 개의치 않는다.

결혼이민자들은 그 나이 또래의 일반적인 한국 여자들에 비해 많은 경우 나이가 거의 곱이 많은 남편과 결혼을 하여 낯설고 물선 곳에서 산다. 그나마 지나처럼 시부모가 안 계시며 착하고 성실한 남편을 만난 경우는 복이 있다고 해도 될 것이다.

한번은 "지나가 전화도 받지 않고 들어오지 않아요."라는 지나 남편의 전화를 받았다. 역시 지나에게 전화를 해보니 받지 않았고, 곰곰 생각하니 오늘 낮 수업 시간에 했던 말이 행선지가 될 수 있을 것 같아 서둘러 지나 나라 사람들이 잘 간다는 커피숍에 갔다. 아니나 다를까 몇 새댁들이 모여 깔깔거리고 있었다. 놀랄 일도 아니고, 화를 낼 일도 아니다. 지나 나이의 한국 여자들을 생각하며 이해하라고 남편에게 전화를 해 주었다. 대단한 곳에 간 것도 아니고 그저 평범한 커피숍에서 친구들을 만나 이야기 삼매경에 빠져 있는 것이다. 그녀의 남편이 안도하는 숨소리를 들으며 지나에게 나의 존재를 알리지 않은 채 커피숍을 나왔다.

- 선생님, 저는 한국에 소풍을 온 것 같아요. 시장에도 소풍 가고, 마트에도 소풍 가고, 친구 집에도 소풍 가요. 그리고 매일 매일 뒷산에, 강가에 산책을 가는 것도 다 소풍이에요. 꿈을 꾸는 것 같아요. 한국이 너무 좋아요. -

한국에 온 지 불과 3개월, 하얀 백지 위에 지나가 앞으로 그리게 될 그림이 궁금하다. 지나가 원하는 그림을 그릴 수 있게 재료에 부족함이 없도록 도와야 할 사명감을 느낀다. 그리고 문득 지나가 그리는 그림 속 화룡점정(畵龍點睛)의 역할을 할 수 있을 것 같은, 참으로 겁을 상실한 자신감이 생긴다.

개인적인 일로도 무척 바빠 살뜰하게 내 학습자들을 챙기지 못했던 올 한 해였지만 언제나 나를 기다리며 '선생님이 젤 좋다'고 엄지를 치켜세우는 사랑하는 새댁들이 있기에 이 가을 나는 더욱 풍성하다. 그리고 행복하다.

무르익은 가을이 지나면 겨울이 온다. 지나는 밤새 은빛으로 바뀐 세상을 보며 또 무슨 질문을 할까? 지나의 질문에 대비해 난 지금부터 예상 문제를 풀어야 할까 보다.

소중한 아이들 1

"암암암암, 아암, 아아암, 암암, 선생님, 너무 맛있어요!"

이것은 승규가 말랑카우 먹는 소리다. 수업 시간에 가방 속 필기구를 찾다가 하나 있는 말랑카우를 발견하여 주었더니 홀랑 까서 입에 넣어 이렇게 맛나게 먹는다. 아마 하나여서 더욱 맛있었을 것이다.

승규는 초등학교 1학년이다. 엄마 뱃속에 있을 때부터 나의 목소리를 들어서인지 태어나자마자 나를 보고 방글방글 웃었다. 또 결혼이주 여성인 엄마가 한국어 수업을 받을 땐 내가 저를 안고 있어야 하는데 수업을 마치고 내려만 놓아도 대성통곡을 했다. 태어날 때부터 우량아였던 승규는 애 키운 지 오래된 선생인 내가 두 시간을 안고 있기엔 벅찼다. 그러나 내게 안겨 있으면 수업에 방해를 일절 하지 않고 엄마 보고 웃고 날 보고 웃고 해서 기특했다. 처음 승규를 안아 준 날의 다음 날 아침에 팔을 들지 못했던 기억이 떠올라 웃음이 난다. 그래도 눈이 안 보이게 함박 웃던 모습이 아른거려 수업 가는 날을 기다리곤 했었다.

승규 엄마가 한국어를 마치고 몇 년 있다가 승규의 수업을 맡게 되었다. 엄마는 센터 프로그램에서 자주 봤지만 승규는 사진으로만 볼 수 있었는데 엄마에 이어 아들까지 수업을 하니 감회가 남달랐다. 승규는 아주 잘 자라고 있었다. 1학년에 맞는 학력, 체력, 게다가 자아와 사회성, 정서까지 모두 부족함이 없어 나도 모르게 "엄마가 잘 키웠구나!"라는 말이 나왔다. 아이인지라 가끔 타일러야 될 때는 "너 태어났을 때 선생님이, 선생님 아들처럼 안아 주었다. 그때의 승규가 그립다"라고 하면 자세를 바로잡는다.

결혼이주여성의 자녀에게 방문수업을 하면서 몇 아이가 생각난다. 승규보다는 조금 달랐던 아이들이다. 얼굴이 동그랗고 예쁜 S도 초등학교 1학년에 만났다. 엄마가 재혼을 하여 새아빠를 만났는데 새아빠는 S의 교육에 관심이 많았고 사랑도 듬뿍 주는 것 같았다. 아빠는 성인이 된 두 아들을 키운 경험이 있어서인지 엄마가 없을 때 요리도 하고 방 정리도 하고 숙제도 도와주는 등 처음 키우는 딸을 극진히 보살폈다. 그럼에도 S는 수업을 싫어하고 매사에 무기력했다. 한글을 모르면서도 배우려는 의지도 없고 관심 있는 그림 그리기를 해도 곧 싫증을 냈다. 친구와 어울리지도 않고 대화를 유도해도 마음을 열지 않았다. 엄마는 S에 대해 상담을 해도 원래의 성격이라며 우려하는 기색은 없고 오히려 곧 태어날 S의 동생을 더 기다리는 듯했다. S의 동생이 태어나기 며칠 전이었다.

"S는 동생이 태어나면 좋겠네? 언니가 동생 잘 돌봐줘야겠네?"

"동생이 태어나는데 왜 좋아요? 나는 싫어요!"

"응?"

"동생이 태어나면 나는 왕따일 텐데 뭐가 좋아요?"

S는 정색을 하고 나를 쳐다보았다. 수업에 그렇게 진지하게 임했다면 동화책을 줄줄 읽었을 텐데. 그래도 다행인 게 남동생이 아니라고 말하는 것에 많이 놀랐다. 그것이 남아선호사상에 의한 것인지 함께 소꿉놀이를 하기 위한 것인지는 묻지 않았다. 다만 남동생이 태어난다면 "나는 확실한 외톨이가 될 것"이라고 말하는 S에게 "원하는 여동생이어서 좋겠네. 그리고 남동생이 태어나도 너는 좋은 누나이고 아빠 엄마의 예쁜 딸"이라고만 말할 수밖에 없었다.

S의 엄마와 S의 양육에 대해 얘기를 나누고자 했지만 그녀는 경제력 있는 남편에게 모든 걸 의지하여 말을 아꼈고 심지어 나하고 나눈 이야기 하나까지 모두 그녀의 남편에게 전달되곤 했다. 그래서 오해를 풀어주는 일까지 경험을 하고서야 나도 입을 닫게 되었다.

특히 재혼한 결혼이주여성의 자녀들이 더 방황하는 것을 보는데 그들의 엄마가 재혼한 한국 남편에게 맹목적으로 의존하다 보니, 자녀의 든든한 바람막이가 되지 못해 심히 고립되는 것이다. "엄마는 나를 사랑할까요?", 이 말은 아빠의 사랑까지는 바라지 않지만 엄마는 나를 사랑해야 하지 않느냐는 항변이 아닐까. 하지만 지금으로서는 불안한 그 마음, 한창 어리광을 부릴 나이에 새아빠의 눈치를 보는 것으로도 모자라 친엄마로부터도 살가움을 못 느끼는 것이다. 이사를 가게 되어 수업을 중단하게 되었는데 늘 짠한 마음으로 S가 떠오른다.

M은 초등학교 2학년에 만났다. 미숙아로 태어난 지 2주 만에 심장 수술까지 한, 몸이 약한 아이였다. 아빠와 큰아빠, 삼촌 중 유일한 2세인지라 온 가족의 사랑을 받고 있다. 아빠는 당뇨 합병증으로 시력을 거의 상실하여 노동 능력이 없고 대신 엄마가 실질적인 가장이다. 공부 좋아하는 아이가 얼마나 될까마는 M 역시 공부를 싫어했다. 한글을 가르치는 사람만 해도 방문 선생인 나를 비롯하여 학교 선생님, 방과 후 한국어 선생님, 드림스타트·아동센터 선생님 이렇게 많다. 하지만 2학년인데 읽기가 안 되었다. 어쩌다 내가 실수를 하여 한숨 쉬는 소리를 들은 녀석은 티셔츠를 훌러덩 걷어 수술한 상처를 보여준다. 아홉 살이면서도 신체는 6살이 채 되지 않는 작은 몸에 가슴 한가운데 커다란 왕지네처럼 수술 자국이 떡하니 있다. "엄마가, 그래서 제가 한글을 모른대요." 한글뿐 아니라 모든 학습 능력이 떨어지는 이유가 태어나자마자 대수술을 하면서 마취를 오랜 시간 했기 때문이라고 여기고 있다. 사실일 수도 있다. 안쓰러워 잔소리도 못 한다.

M은 가족을 사랑한다. 특히 아빠를 사랑한다. 아빠는 M 또래 친구들의 할아버지뻘 되는 나이인데 보기에는 그 나이보다 더 들어 보인다. 지병이 있으니 일 나간 아내를 대신하여 집안일과 아이를 돌봐야 하는데 그것도 힘겹다. M의 엄마는 남편이 아들에게 영양가 있는 식사를 만들어주기를 바라지만 '그것은 무리'임을 내가 설득해야 했다. 고기를 좋아하는 M에게 나는 가끔 좋아하는 치킨을 사준다. 그런데 녀석은 치킨을 먹지 않고 '이따가 아빠랑 같이', '삼촌도 오면' 먹겠다고 아껴 둔

다. 너무 먹고 싶으면 하나만 먹고는 참는다. '너 혼자 먹어도 돼.' 하면 '안 돼요. 아빠도 치킨 좋아해요, 아빠는 몸이 아파서 고기를 많이 먹어야 해요. 그런데 아빠는 돈이 없어요. 삼촌도요.' 아빠랑 삼촌이랑 같이 먹어야 한다며 덮어 놓는 M을 보며 나도 모르는 사이 녀석의 머리를 쓰다듬어 주고 있었다.

M의 아빠 사랑에 대한 이야기를 하나 곁들이면, M의 집이 수리를 하느라 우리 집에서 공부를 잠깐 한 적이 있다. 공부를 마칠 시간, 내 남편이 퇴근을 해서 들어왔다. 남편이 아이를 따뜻하게 대해 준 것이 M의 기억에 남았나 보다. 다음번 수업 시간에 자꾸 현관 쪽을 쳐다보았다. 그러더니 급기야 "저번에 왔던 멋진 신사분은 왜 안 와요?" 하는 거다. 무슨 얘기일까 했더니 내 남편의 이야기다. 그런데 문제는 그다음 수업 시간이다. M은 "선생님, 사실은 저번에 멋진 신사분이라고 한 것은 제가 잘못 말한 거예요. 취소예요. 우리 아빠가 훨씬 멋져요. 아저씨는 우리 아빠보다 절대로 멋지지 않아요!" M은 다른 아저씨를 멋진 신사분이라고 한 것이 아빠한테 미안했던 것이다. 그래서 늦게라도 아빠한테 사과를 하는 것이리라.

M은 제일 잘하는 게 까부는 거였다. 공부야 좀 늦으면 어떤가. 티 없이 맑고 온 가족이 끈끈하게 사랑하고 사랑받고 있는데.

소중한 아이들 2

C와의 첫 만남을 잊을 수 없다.

"선생님, 저는 소원이 동화책을 읽는 거예요. 친구들이 동화책이 재미있다고 하는데 저는 읽을 수가 없어서 궁금해요. 그리고 창피해요."

1학년인 C는 첫 만남에서 당당하게 한글을 배워 책을 읽겠다는 목표를 밝혔다.

"그래, 목표가 있으면 이룬 거나 마찬가지야."

C는 자신이 써놓은 이름 석 자가 각기 한 자씩 다른 곳에 있으면 알지 못했다. 꼭 세 글자가 붙어 있어야 읽을 수 있었고 그 외에는 어떤 글자도 몰랐다. C의 한글 교육이 시작되었다. 모음과 자음을 익히고 받침을 받치고…. 주어진 10개월이 짧아 5개월을 연장하였다. C는 정말 열심히 했다. 이해가 늦고 잘 잊었지만 땀을 흘려가며 스스로 눈물을 삼켜가며 오직 동화책을 읽겠다는 목표를 향해 간 결과 어느 순간 선생님에게 동화책을 읽어 주기에 이르렀다. 부모의 관심이 닿지 않아 늘 외로운 C를 위해 등산, 건강 달리기, 걷기대회 등 지역 행사와 체육 행사, 센터 프로그램에 데리고 다녔더니 표정에 활기가 생기고 비만을 다소나마 탈

출하는 기회가 되기도 했다.

P도 있다. 엄마를 닮아 눈이 예쁘던 남자아이. 역시 한글에 관심이 없던, 그러나 쾌활하고 눈치가 빠른 아이였다. P는 나에게 어록을 남겼다. P의 집이 너무 더워 여름엔 우리 집에서 수업을 했다. 금요일이었나보다. 쉬는 시간에 간식을 좀 주려고 주방으로 간 사이 주말에만 집에 오는 내 남편이 들어왔다. P는 깜짝 놀라 "누구세요!"라며 크게 소리를 질렀다. 역시 놀란 남편이 "너는 누구냐?"라고 웃으면서 말했고 P는 대답도 않고 "여긴 우리 선생님 집이에요! 빨리 나가세요!" 그러면서 신발을 벗지 못하게 막아섰다. "나는 이 집 주인이다."라고 남편이 말했지만, 아빠랑 함께 살지 않는 아이는 내게로 달려와 '사실'이냐고, 선생님 집이 아니고 저 아저씨 집이냐고 따져 물었다.

그 뒤로 내 남편하고도 친해져 등산도 함께 가고 달리기 대회에도 나가 초등부 순위권에 들어 상품을 타기도 했다. 한번은 시민 달리기 대회에 참가하느라고 문화예술회관에 갔다. 나는 내 친구와 함께 줄을 서서 달리기 행사 때마다 시에서 구워 나누어 주는 붕어빵을 기다리는데 P가 큰 눈을 더욱 크게 뜨고 얼굴이 벌게져서 헐레벌떡 달려왔다.

"선생님, 큰일 났어요. 여기 있을 때가 아니라니까요?"

"아니, 왜…?"

"아저씨가 바람을 피운다고요!"

"응?"

저만치서 남편이 여자 동창생을 만나 이야기를 나누고 있는 모습이 보였다.

"괜찮아, 아저씨 여자 친구야."

"그럼, 아저씨 또 결혼해요?"

"너도 학교에 여자 친구들 많잖아? 똑같아. 초등학교 때 함께 공부한 여자 친구야."

하지만 P는 남편의 일거수일투족, 여자 친구와 나눈 이야기까지 나에게 보고를 하며 곱지 않은 시선으로 줄곧 내 남편의 동선만 살폈다. 급기야 남편의 손을 잡고 딱 붙어 있었다. 이렇게 기특하고 든든한 지원군을 보았는가.

P는 도통 한글에는 관심조차 없었다. 그러나 꿈은 작지 않았다.

"선생님, 제 꿈은 대통령이에요. 어떻게 하면 대통령이 될 수 있을까요?"

"음… P야, 대통령이 되려면 제일 먼저 한글을 다 알아야 해."

"알았어요…."

P가 늘어질 때마다 한글 모르는 대통령은 지금까지는 한 명도 없었음을 얘기해 주면 일단은 집중을 했다.

엄마가 결혼이주여성 아이들이라고 한국인 부모의 아이들과 다른 것은 없다. 공부 싫어하고 게임 좋아하고 과자 좋아하고 이 닦기 싫어하는 공통점도 같다. 하지만 가장 큰 차이라면 친구가 없다는 것이다. 집으로 친구를 데리고 온 아이를 딱 한 명 보았다. 엄마들 교육을 하면서 나는 자녀들의 친구들을 많이 부르라고 말해 준다. 그런데 이런 일도 있었다.

한 엄마의 딸이 친구를 데려왔다. 엄마가 같은 나라 아이하고만 놀다가 보통의 한국 가정 아이가 처음 왔기에 엄마는 너무 반가워서 닭날개튀김을 해주었더니 참 맛있게 먹었다. 엄마는 신이 나서 놀고 돌아가는 딸의 친구에게 정성을 담은 닭날개튀김을 싸 주며 가족과 함께 먹으라고 했다. 다음에 또 놀러 왔기에 처음보다 더 반가워하며 맛있게 먹었냐고 물어보았는데…, "먹고 싶은데 우리 엄마가 먹지 말라고 해서 못 먹었어요. 엄마가 다 버렸어요."라고 했다는 것이다. 그리고 놀러도 가지 말라고 했다고 하여 그 당시는 너무 충격을 받아 한동안 우울감에서 벗어나지 못했다고 한다.

마음이 아팠다. 다문화가정은 요즘 이웃에도 많고 보통의 가족 안에서도 드물지 않게 찾아볼 수 있는데 아직도 이런 의식이라니…. 내가 어떤 말을 해 주어야 상처받은 마음에 위로가 될지 몰라 우선 '좋지 않은 마음으로 음식을 버리는 사람은 벌을 받는다'는 옛말이 있다고 말해 주고, 또 모든 사람은 낯선 것을 경계하는 본능이 있는데 지나고 나면 아마 딸의 친구 엄마도 당시의 행동을 후회할 거라고, 부족하지만 진심인 위로를 해주었다. 아마 유사한 이야기가 간간이 들려오는 걸 보면 이러한 한국사람들의 의식이 다문화가족이 다가가지 못하는 이유가 되는 듯도 했다.

시간이 흐르는 동안 초등학생이던 아이들이 자라 벌써 상급 학생이 되었다. 많은 아이들 중 늘 생각이 나는 아이는 부모의 사랑을 받으며 보통의 정서로 사는 아이들이 아닌, 더 많은 관심과 사랑이 필요했던 아이들이다. 지나고 나면 늘 아쉽다. 방문수업에서 만난 아이들은 말이 많거나 적다. 모순된 말처럼 들릴 수 있으나, 다년간의 경험으로는 엄마와 애착이 강한 아이는 내가 엄마 역할을 침범한다 싶으면 나의 관심을 암묵적으로 거부한다. 반면 엄마와 대화가 원활하지 않은 대부분의 아이는 무슨 말이든 내내 하고 싶어한다. 엄마와 기본적인 대화로는 아이들의 욕구가 충족되지 않는데 더 이상의 대화가 가능하지 않으니 엄마에게 할 말을 나에게 하는 것이다. 그래서 궁여지책으로 외부행사에 데리고 다니면서 대화도 하고 넘치는 에너지를 발산하는데 도움을 준다.

아이들을 교육하기 위해서는 가르치는 지도사도 교육을 받아야 한다. 아이러니하게도 아이 셋을 다 키우고 난 다음 부모교육을 받았다. 방문수업으로 아이들을 만날 때마다 나는 내 아이들에게 소홀했던 모든 순간들이 주마등처럼 지나가 마음이 아프다. 마음을 숨긴 채 훈육을 일삼으며 그것이 내 아이들을 위한 것이라 합리화를 시켰던 양육 방법을 후회했다. 그리고 그때마다 결심을 했었다. 내 아이들에게 속죄하는 마음으로 이 아이들을 대하자, 이 아이들에게 남은 사랑을 다 주자, 그렇게 지금까지 버텨온 것 같다. 방문수업이 끝나도 내가 사는 동안, 그간 만났던 아이들 하나하나의 행복을 간절히 빌어주는 마음은 쭈욱 영원할 것이다.

돋보기를 들고

"선생님, 이런 공부는 제게 의미가 없어요."

외국어를 배울 때 가장 의미 있고 중요하다고 생각되는 부분이 바로 '문법'인데 단칼에 T는 잘라버린다. 김이 빠졌다.

"그럼, T가 의미 있는 공부는 무엇일까?"

"아무것도 없어요."

T는 러시아 엄마와 북한 탈북민 아버지 사이에서 태어났다. 러시아에서 살다가 10살 때 한국으로 왔다. 부모가 러시아어로 대화하니 한국어를 제대로 배울 수 없다고 판단하여 서울의 화교 학교에 보냈다가 올해 중학교 2학년에 편입을 했다. T는 훤칠한 키에 러시아 전형의 마스크를 가지고 있어 어딜 가도 인물이 돋보인다. 그런데 본인만 그렇게 생각하지 않는 것 같다. 늘 생각이 없는 무표정한 얼굴이다. 올해 초 처음 만났을 때는 T라는 벽을 한 해 동안 어떻게 넘어야 할지 걱정이었다. 일주일에 한 번 두 시간 만나는데 이 시간에 어떻게 이 아이의 마음을 열 것인지가 숙제였다.

T에겐 의미가 없는 공부지만 한국에 살면서 한국어를 제대로 사용

할 줄 모르고 어휘의 뜻을 모른다면 한국에서 살아가기가 힘들 것은 뻔하므로 일단 과정에 맞는 수업을 진행했다. T는 반에서도 말을 거의 하지 않는다고 한다. 한국어를 알지만 구사해 본 적이 많이 없다. 일주일에 한 번 만나는 나하고 가장 오랜 시간 한국어를 구사하는 것이다. 그래서 가능하면 말을 많이 시켰다. 문법 한 가지를 학습하면 의도적인 문장 만들기를 많이 시켰다. 그랬더니 어느 순간 유도하지 않았는데도 스스로 질문을 했다.

"선생님, 상담이 뭐예요?"

"음…, 상담이란 궁금하거나, 또는 풀리지 않는 문제나 고민이 있으면 전문가와 의논하는 거야."

"그럼 고민을 이야기하면 해결해 주나요?"

"아! T가 고민이 있구나. 상담을 받는 사람은 자신의 고민을 이야기하는 것으로도 해결이 되는 경우가 많은데, 선생님한테 얘기해도 되는 걸까?"

"저는 다른 아이들이랑 달라요. 다른 아이들의 모든 행동을 이해할 수도 없고 나 자신도 이해할 수가 없어요. 저한테 아무런 감정이 없는 것 같아요. 제가 사이코패스인가요?"

상담을 한다고 명쾌한 답을 얻지는 못할 수도 있다. 예전에 상담 공부를 할 때, 어쩌면 내담자가 해답을 알고 있다고 배웠다. 그러면 왜 상담을 할까, 이야기보따리를 풀어 놓는 그 자체가 상담의 효과이며 상담자는 내담자의 입장이 되어 들어주며 공감해 주는 것으로 상당한 해결이 된다고 했다.

T는 구체적인 예를 들었다.

"게임이나 뉴스에서 살인사건이 일어나 사람이 죽거나 다쳐도 아무런 느낌이 들지 않아요. 어렸을 때 내가 다른 아이를 때려서 피가 났는데도 저는 아무 생각이 없었고 다른 아이들이 나를 때려서 다쳤는데도 아무런 느낌이 없었어요. 친구들이 나보고 사과를 하라고 했는데 왜 사과를 해야 하는지 이유를 몰라 가만히 있었더니 화를 냈어요. 그런데 친구들이 왜 화를 내는지를 아직도 몰라요. 다른 아이들과 나는 다른데 그 이유가 무엇인지 알고 싶어요. 제가 진짜 사이코패스면 어떻게 세상을 살아가야 하는지도 알아야 하잖아요."

이야기를 들으며 내심 놀랐다. 나도 조심스럽지만 살짝 들었던 그 심리학 용어를 아무렇지도 않게 이야기한다. 누가 나를 때렸을 때 기분이 나쁘다든가 적개심이 드는 게 정상이지만 본인은 그런 마음이 들지 않는다는 것이다. 그러므로 내가 다른 아이들을 때렸을 때 그 아이가 화를 내는 이유도 모르는 것이다. 잠시 혼란이 왔지만, 일단 이렇게 말해주었다.

"너 스스로가 문제라고 생각했으면 분명 해결할 수 있어. 진짜 사이코패스는 본인은 부정하거든. 그리고 보통의 아이들과 생각이 다르다고 반드시 나쁜 것은 아니야."

이유가 있을 것이다. 내성적인 아이가 10살이라는 나이에 러시아에서 한국으로 와 생긴 모습부터 한국 아이들의 눈길을 느끼며 살아야 했고, 보통의 우리 초등학교도 아닌 중국 아이들이 다니는 화교 학교에 지금까지 다녔으니 한국의 문화를 제대로 경험할 수가 없었던 것이다. 학령에 맞게 읽어야 할 책도 많고 나이에 맞는 자아, 정서, 사회성이 길러져야 하는데 그런 과정이 없었다. 반드시 한국어로 된 책이 아니라 러시아어 책이라도 다르지 않을 텐데 그러한 인성 교육의 시간도 없이 5년 여의 시간이 텅 비어버린 것이다.

T는 아버지와도 대화가 없다. 엄마가 아버지와 결혼하기 전에 낳은 형과 누나는 결혼을 해서 러시아에 살고 있다. 엄마가 나이가 많아 한국어와 한국문화의 습득이 어려우니 T는 가족 안에서도 '한국'을 배울 수 없어 가정과 학교 모두에서 고립되어 있다. 그런 이유를 들어 딴에는 위로를 해주려 했더니 T는 또 반박을 한다.

"저는 어릴 때부터 남들하고 달랐어요."

달랐을 수 있다. 하지만 남을 보면서 자신이 변하는 사회성을 익히는 것도 그 시기였던 것이다. 그래서 바로 담당 선생님께 자문을 구했다. 학교에서도 다문화가정의 학생들에게 관심과 사랑을 가지고 많은 지원을 한다. 학교 상담 과정과 교육청 Wee센터를 거쳐 지금은 전문 병원에서 여러 가지 검사를 하는 중이다. 왠지 모르게 T가 다른 일반 아이들보다 뭔가 큰 차이가 나게 우수할 것 같은 생각이 든다. 그래서 보통의 아이들 정서에 시시함을 느끼는 것은 아닌지. 부디 어떤 분야에 천재성이 있다는 결과가 나왔으면 좋겠다. T는 요즘 말을 많이 하고 듣기를 좋아한다. 그래서, T가 누구에게도 듣지 않았을 또래의 문화를 최선을 다해서 들려준다. 정치, 경제, 사회, 문화까지 아우르며 많은 이야기를 해준다. 전혀 들어본 적 없다는 한국의 전래동화도 곁들여서 말이다. 공백을 채우지는 못해도 얼기설기라도 엮어 주고 싶은 마음이다.

같은 학교의 L은 한국에서 태어나자마자 엄마 나라에 가서 살다가 9살이 되어 돌아왔다. 처음 만났을 때는 말도 안 하고 조용했는데 만남이 거듭될수록 잘 웃고 이야기도 곧잘 했다. 성격도 밝고 좋은데 왜 친구가 없는지 안타까웠다. L 역시 나하고 이야기하는 시간이 한국 사람과 가장 많은 시간 대화하는 것이라고 했다. L은 스마트폰의 기본적인 사용방법조차 모르고 있었다. 학교에 잘 다니고 읽고 쓰기에 문제가 없는데 요즘 중학생의 보편적인 문화를 알지 못한다. 반 아이들하고 소통을 하지 않으니 알 수가 없는 것이다. 아이들도 이해는 가는 것이 잘 통하는 단짝과 이야기하는 걸 좋아하지, 이해하는 데 시간이 걸리고 풀어서 설명을 해줘야 하는 낯선 아이에게 호의적이기를 바랄 수는 없는 것이다.

조금 더 큰 아이들도 있다. 고등학교 2학년 두 여학생이 있다. 한 학생은 엄마가 먼저 한국 남자와 결혼하여 동생을 둘 낳고 난 후 엄마에게 왔는데 한국에 온 이유도 서글픈, 바쁜 엄마를 도와주기 위해서라고 했다. 외가에 일이 많이 생겨 엄마가 자주 본국에 가야 하는데 지금은 더 큰 일이 생겨 엄마가 당장은 돌아올 수도 없다. 학교를 중단해야 할 위기였는데 다행히 주위에서 관심을 갖고 도와주시는 선생님들과 한국 아빠가 학업을 계속하기를 바라면서 일단락되었다. 한국에 온 지 1

년 반밖에 되지 않아 한국어도 한국문화도 서툴러 많은 어려움을 겪는데 그마저 자신의 문제에 집중할 수 없고 자신의 능력으로는 해결할 수 없는 가정의 막힌 문제들을 고민해야 한다.

또 한 학생은 입국한 지는 7년이 넘었지만 오자마자 엄마는 일하러 나가고 낯선 땅에서 혼자 집에 있던 어린 시절의 충격이 커 정신적으로 성장하지 못하고 그때에 머물러 있어 마음이 아프다. 언제나 꿈을 꾸면 휴대폰 앨범 속에 가득한 게임 캐릭터들과 하늘을 날아다닌다고 하며 더없이 행복한 미소를 지어 내 마음을 무겁게 한다.

이들 중도입국자녀들은 외국에서 태어나 성장하다가 부모를 따라 자기 나라로 들어오거나 귀화한 자녀인데, 요즘 점차 늘어가는 추세이며 이들의 한국어 교육을 위해 한국어 강사를 학교로 보내는데 나 또한 그중의 하나이다. 아이들은 한국생활의 적응에 많은 애를 먹는다. 그나마 초등학교 저학년 이하의 나이가 어릴수록 적응 속도가 빠르지만 중고등학생이 되면 사춘기와 겹쳐서 사회적인 문제까지 생길 수 있다.

과거, 학교에서 멘티·멘토를 짝지어 주어서 학교생활을 도와주는 프로그램이 있었다. 그리고 멘토에게 봉사점수를 주었는데 요즘은 봉사점수가 없어졌다고 하여 자발적으로 시간을 할애하여 나서는 친구가 없다고 한다. 그도 그럴 것이 요즘 학생들이 좀 바쁜가. 성적 관리가 가장 큰 관심사인데 점수도 안 주는 일을 하려고 하는 게 이상한 것은 당연하다고 해도 과언이 아니다.

이렇게 다문화 가정의 아이들과 중도입국자녀의 한국 적응 문제가 교육계의 문제가 되고 있다. 중도 입국 청소년의 95.9%가 원치 않는 외국생활을 한다고 응답한 내용을 보았다. 더구나 이들 중의 66.8%만이 그나마 학교에 다닌다고 한다. 상당수 청소년들이 공교육에 편입되지 못하고 겉돌고 있으며 가정에서 방치되고 알바나 공장으로 몰린다. 학교에서도 아무렇지도 않게 "너, 다문화야?"라고 묻는 말에 아이들은 상처를 받는다. 이제는 다문화보다는 다양한 가족의 한 형태라고 인식해야 한다. 가족의 형태가 다양한 것처럼 다름보다는 다양성의 의미를 담아 자연스럽게 받아들여야 할 것이다.

흔히 국제결혼 하면 유럽 계통의 사람과 결혼하는 것을 의미하고 우리나라에 많은 아시아계 여성에게만 다문화가정이라는 인식이 있는 듯하다. 대부분 은연중 호칭의 차이, 인식의 차이에 이중 잣대를 대고 보는 것이다. 중도입국자녀들을 만나면 그들에게 전혀 도움이 되지 않는 쓸데없는 '짠한 마음'이 스멀스멀 올라오려고 하여 선생으로서 부끄럽다. 나 역시 인식의 차이에서 벗어나지 못함을 인정하는 사이, 다른 것을 다양성이라 여기지 못하고 다문화라는 틀에 가두어 버리는 오류를 범하는 사이, 기회를 놓치고 마는 것은 아닌지 반성할 일이다.

어느 누구의 '피부색은 달라도 심장색은 같은 한 인간'이라는 말에 깊은 공감을 한다. 몇 년 후 우리나라를 이끌어 나갈 사람들이 바로 이 아이들일 수도 있다. 그 어렵다는 중국어, 베트남어, 러시아어를 모국어로 사용하는 이 아이들과 어떠한 고액 과외를 하더라도 우리나라 아이들은 경쟁을 할 수 없을 테니 말이다. 대신 이 아이들은 한국에서 사는 한, 좀 늦을 뿐이지 한국어에도 능통할 것이다. 그리고 이 많은 아이들 중 특별히 더 노력한 아이 몇이 우리나라를 시작으로 소통하는 하나의 세계를 만들 것이다. 이러한 생각을 하면 내가 만나는 이 아이들이 한없이 소중해진다. 그리고 혹여나 잠재되어 있는 소질을 끌어내어 주는 역할을 놓칠세라 오늘도 아이들에게 돋보기를 들이댄다.

청출어람 靑出於藍

인근 대학에서 중국 유학생들에게 한국어 지도를 한 적이 있다. 학기를 마칠 때쯤이었다. 하루는 학생들이 계단에서 나를 기다리고 있다가 일부는 손을 잡아 이끌고 일부는 내 눈을 가리며 그들만의 아지트로 갔다. 잔뜩 들떠 '하나, 둘, 셋!'을 외치며 눈을 가렸던 손을 떼자 씌워 놓은 보자기가 나타났고 이를 걷음과 동시에 접시에 산처럼 쌓아 놓은 만두가 나왔다.

언젠가 먹어본 적 있는 중국 만두. 오래전, 수업차 방문한 중국인 새댁 집에서 다진 돼지고기에 부추, 후추, 소금으로만 만든 만두를 먹은 적이 있다. 단출한 재료인데도 그 맛이 아주 훌륭해서 만든 이에게 극찬을 하며 먹었던지라 눈앞의 만두를 보자 군침부터 돌았다.

오늘은 중국에서 만두를 만들어 먹는 날이라고 한다. 만두 하나를 입에 넣어주는 학생들은 만두가 입으로 들어가기가 무섭게 맛이 어떠냐고 물었고 스무 명의 눈동자들이 일제히 나의 입을 향했다. 그런데 한 입 베어 문 순간 나도 모르게 역한 돼지고기 냄새에 고개를 돌리고 말았다. 다행히 돌린 고개가 제자리로 올 때는 나름 몹시 맛있다는 표정을 연출할 수 있었다. 하지만 아주 맛있다고 말을 해주어야 맞는데 도저히 그 말이 나오지 않았다. 무슨 이야기인가를 해야 한다고 생각한 나는 미처 나 자신을 말릴 사이도 없이 '돼지고기의 냄새를 빼고 요리를 했다면 더 맛있었을 것'이라고 말을 하고 말았다. 그리고 만두 하나씩을 들고 자신의 것을 입에 넣어주려고 기다리는 학생들에게, 금방 식사를 하고 와서 배가 부르다고 말하며 사양했지만 학생들은 실망하는 눈치가 역력했다. 아차! 카톡이라면 삭제라도 하겠지만 입 밖으로 나와 버린 말이라, 주섬주섬 주워 담는다는 것이 '이따 갈 때 싸 가지고 가겠다'는 거였다.

겨우 스물을 넘긴 대학생들이 얼마나 요리를 해 봤겠는가. 더구나 유학을 올 정도의 아이들은 대부분 부유한 가정의 자녀들이다. 한두 명을 제외하고는 운전면허증도 있다. 우리 아이들을 생각해 봐도 이 나이 또래는 라면을 안 끓여 본 아이도 태반이다. 그 아이들이 자신의 나라에서 만두를 만들어 먹는 날 자신들의 한국어 선생님께 만두를 만들어 드리려고 얼마나 많은 준비를 했을까. 아마, 어쩌면 모두가 생애 첫 요리였을 수도 있다. 그들에게는 돼지고기 특유의 냄새를 빼는 일은 그리 중요하지 않았을 것이다. 모여서 만두를 만들며 이 만두를 맛있게 먹고 행복해하는 선생님의 모습을 내내 떠올렸을 것이다.

솔직함이 전부가 아닌 선의의 거짓말은 우호적인 인간관계를 형성하는 데 꼭 필요하며 특히 상황에 맞는 인사말은 한국인들이 강조하는 '예의' 차원에서도 꼭 해야 한다고 바로 이 학생들에게 가르치면서도 선생인 나 자신은 표정관리조차 되지 않았다고 생각하니 미안한 마음이 들었다. 다행히 학생들은 남은 만두를 싸 달라는 내 말에 웃으며 크게 고개를 끄덕였고 이로써 내 얼굴 표정을 아이들이 놓쳤다고 생각하고는 가슴을 쓸어내렸다. 아이들이니까 어른들의 복합적이고 미묘한 표정까지는 알아채지 못할 것이다. 수업을 마치고 만두 가져가는 걸 잊은 채 그냥 집으로 돌아왔다.

수업이 끝나고 자체 평가회를 했다고 영상을 보내왔다. 한 해 동안의 한국생활이 기록되어 있었다. 무릉계곡을 가 보고 싶어 하는 학생들에게 10월 말 남편의 도움을 받아 명산의 고운 단풍을 구경시키고 산채비빔밥을 먹었던 일, 쌍폭포에 갔다가 하늘문 계단을 오르고 관음암을 지나 하산하며 다리가 아파 걷지를 못해 신발을 벗어들고 기어 내려오면서도 즐거워하는 학생들의 모습이 파노라마로 펼쳐졌다.

해준 것도 없는데 나에 대한 과한 평가도 인상적이었다. 좋은 선생님, 한국인들의 친절의 대명사라고 이들은 표현했다. 그런데, 만두! 잊고 있었던 만두에 대한 이야기가 내 맘을 아프게 했다. 만두를 먹는 내 사진 아래에,

- 한국어 선생님은 중국 만두를 좋아하지 않았지만 중국 사람인 우리들을 위해 맛있게 드셨어요. -

학생들이 내 표정을 놓쳤다는 것은 나의 착각이었던 것이다. 유난

히 싹싹하고 예의 발랐던 이 학생들, 단기간에 토픽의 제일 고급 단계를 따내던 우수한 학생들은 눈치도 빨랐던 것이다. 고 맥락 언어인 한국어의 특성을 진작에 알아챈 스물 초입의 대학생들이 성심성의껏 연기를 한 나보다 한 수 위였던 것이다.

다문화, 다양한 우리

결혼이주여성들이 결혼식을 올리고 한국으로 들어오면, 센터에서는 다양한 프로그램과 방문수업으로 한국어와 한국문화를 익히도록 돕는다. 내가 초기 결혼이주여성들에게 늘 해주는 이야기가 있는데 3년 안에는 한국어와 한국문화 공부를 마치라는 것과 한국 친구를 사귀라는 것이다. 처음에 입국하면서 바로 센터에 나와 한국어 공부부터 시작해야 하는데 먼저 온 친구 따라 일을 하러 나가거나 가족의 간섭으로 바로 한국어 공부를 접하지 못하면 바른 어휘의 사용이 사실상 어렵고 사용하는 어휘가 제한적이다. 뒤늦게 깨닫고 공부를 하려 하면 다소 때가 늦어 어려움을 겪는 경우가 많다.

예를 들면 가장 많이 보는 것이 높임말이다. 새댁들의 초기 경험을 들어보면 기초교육의 중요성을 느낄 수 있다. 어떤 시어머니의 경우, 갓 시집온 며느리가 예뻐서 '이것도 먹어라, 저것도 먹어라. 먹어 먹어' 그러니까 며느리는 혼자 터득한다. 음식은 '먹어'라고 하는구나. 그 후로 며느리는 똑같이 음식을 시어머니께 드리며 '먹어 먹어' 했고 가만히 들은 시어머니는 '이것이 어른 보고 먹으라네?' 하며 화를 낸다. 그러면 자신의 한국어 교육이 잘못됐음을 반성하고 바로 잡아야 하는데 그게 아니었다. 어린 게 어른보고 먹으라고 했다고 높임말도 쓸 줄 모른다고 혼부터 냈다고 한다.

뿐만 아니라 '남편한테는 존대말을 써야 한다.', 그것도 극존칭을 쓰라는 시어머니도 있었다. 모두가 센터에 나와 체계적으로 한국어를 배웠으면 일어나지 않아도 될 이야기였다. 높임말이 어렵긴 하지만 학습 초기부터 자연스럽게 배워야 하는데 어려우니까 '나중에 배우지' 했다가는 영영 배우지 못하는 것이다. 그래서 곁들인다. 최대한 3년까지는 한국어가 서툴러도 용서가 된다. 하지만 3년이 지나서도 한국말을 유창하게 하지 못하거나 높임말을 모르면 비난을 받아야 한다고.

이런 일이 있었다. 갓 결혼하여 한국에 온 G 새댁은 자기 나라에 없는 공중목욕탕이 한국에 있다는 것에 놀랍기도 하고 신기하기도 해서 혼자 가 보기로 했단다. 친구들에게 사전 지식을 전수받았지만 두렵고 부끄러운 마음이었을 것이다. 탈의를 하고 목욕탕 안으로 들어가니 모습과 피부색이 다른 자신을 향한 눈빛들에 일단 얼어붙었다고 한다. 그래서 쭈뼛거리다가 자신의 모습을 숨기는 방법으로 바로 탕 안으로 들어가 버렸는데…. 곧 탕에서 나온 새댁은 목욕탕을 나와야 했다.

새댁의 말에 의하면 한 할머니가, "씻지도 않고 시커먼 더러운 몸으로 탕에 들어가느냐? 빨리 나가라!"고 했다는 것이다. 한국말이 서툴고 발음이 자연스럽지 못하니 또한 놀림의 대상이 될까 봐 한마디 변명도 하지 못하고 밖으로 나온 그 마음이 어떨지, 다름 아닌 벗은 목욕탕에서의 수치가 얼마나 클지 상황을 목격하지 않더라도 가늠할 수 있을 것이다. 그 할머니는 고래고래 소리를 질러 사람을 무안 주기 전에 누가 봐도 외국인인데 타일러 가르쳐주면 좋을걸. 본인의 며느리라고 생각하면 그랬을까, 안타까웠지만 새댁 앞에서 할머니를 나쁜 사람 취급하기도 모양새가 좋지 않아 세상 어디에 가나 보편적이지 않은 사람이 있다. 또한 가르치는 방법의 차이라고 생각하면 좋겠다. '몸을 씻고 탕에 들어가세요.'라고 알려주는 것과 방법이 다를 뿐 같은 내용일 것인데 할머니들은 평생을 그런 스타일로 살아왔으므로 표현 방법이 그렇다고 말해주었지만 쉽게 잊을 것 같지는 않다.

이후로 새댁은 트라우마로 목욕탕은커녕 외출조차 하지 않는다고 하는데 오랜 시간이 지난 아직도 센터 프로그램이나 우연히라도 만나지 못해 가슴이 아프다. 조용하고 자신을 드러내지 않는 내성적인 새댁이다 보니 누구에게도 말하지 않았고 나하고도 친해진 다음에야 어렵게 꺼낸 이야기였다. 이 새댁도 처음부터 센터에 나와 여러 나라의 친구들을 만났다면 목욕탕에 함께 갈 수도 있었을 것이다.

반면 이런 이야기도 있다. K는 결혼이주여성치고는 흔하지 않은 라오스에서 시집을 왔다. 작고 가냘픈 몸에 인형처럼 생긴 K가 그 몸으로 아들과 딸을 평균보다 많이 크게 낳았다는 게 신기할 뿐이다. K를 보면 '여자는 약해도 어머니는 강하다'는 말에 저절로 고개가 끄덕여진다. 집안 살림 뭐하나 완벽하지 않은 게 없다. 요리도 얼마나 잘하는지 아이들이 우리 엄마 음식이 젤 맛있다며 먹어 치운다. 남편과 아들, 딸이 모두 우량의 체격을 가지고 있는 데는 엄마의 요리사를 능가하는 요리 실력이 있기 때문이다.

K는 불과 몇 달 전까지 시아버지를 모시고 살았다. 어질고 인자한 시아버님은 아들이 결혼하자 며느리가 불편할까 봐 분가해서 살 것을 권유했지만, "어머니 일찍 돌아가셔서 슬픈데 우리마저 아버님 떠나면 얼마나 슬플까요, 아버님이 불쌍하셔서 안 돼요. 함께 살 거예요. 아버님이 함께 살아야 제가 게을러지지 않아요. 그리고 우리 아기가 태어나도 할아버지가 계시면 더 좋을 것 같아요."라며 함께 살았다. 그리고 라오스에도 부모님을 모시고 사는 사람이 많고 자신은 전혀 불편하지 않으며 함께 사는 것이 당연하다고 했다. K는 아버님을 지극정성으로 모셨고 아버님도 며느리를 귀히 여기셨다. 서로 말 한마디에 공경이 묻어 있고 애틋함으로 대했다.

출산 후 몸조리를 위해 라오스에서 친정어머니가 오셨을 때도 역시 서로를 존경하면서도 배려해 주는 모습이, 노력하는 것이 아닌 몸에 밴 것처럼 보였고 이것은 선생인 나한테도 부족한 것이어서 나는 이들 가족을 대할 때마다 고개를 숙였다. 그리고 스무 살이라고 믿어지지 않을 만큼 똑똑하고 게다가 지혜롭기까지 하며 수업 내용 하나 허투루 넘기지 않고 진지하게 배운다. 또 다문화센터의 프로그램에 적극 참여하여 한국문화를 익히고 나라가 다른 새댁들과도 친밀감 있게 지내 모든 친구들이 좋아한다. K는 10년 가까이 대가족으로 살다가 시아버님이 평생 직업으로 인해 요양을 하셔야 하는 지병이 생겨 병원에서 생활하시게 되었는데, K는 늘 아버님 생각을 한다.

K의 경우는 착한 심성을 가졌다. 누가 부모 모시기를 강요한 것도 아닌데 늘 어른 먼저, 가족 먼저, 타인 먼저 생각하는 따뜻한 마음이라 함께 있는 사람에게까지 행복 바이러스가 전해지는 느낌이었다.

네팔의 히말라야산맥에 둘러싸인 곳 카투만두에 살았던 한 아가씨 D가 한국 남자와 결혼을 했다. D는 잘생긴 외모에 말이 없고 듬직한 남편을 매우 사랑했다. 또한 D는 마스크에서 풍기는 인상에서 보통의 주부 역할만 할 것 같지 않았는데 과연 남달랐다. 한국어를 처음 배우는데도 습득이 매우 빨랐고 한국문화 또한 스폰지처럼 아무런 이의를 제기하지 않고 받아들였다. '왜?'라는 의문사 대신 '아, 그렇군요.'였다.

D는 첫아이를 임신하고도 밤에 잠을 자지 않을 만큼 공부를 했다. 그 결과 태어난 아기가 잠을 자지 않아 힘들어하는 웃지 못할 일도 있었다. 엄마가 밤에 자지 않으니 아기도 엄마처럼 자지 않고 공부를 했는지 그 아들도 똑똑하다. 그렇게 아들을 둘 낳고도 성이 차지 않아 쌍둥이를 더 낳아 네 아들을 둔 다둥이 엄마가 되었다.

또 쉬지 않고 공부를 하면서도 아들들이 어렸을 때 어린이집 어머니회 활동을 적극적으로 하여 바쁜 한국의 어머니들을 리드했다고 한다. 스스럼없이 '언니'라 부르며 붙임성있게 모임도 이끌어 다른 학부모들이 다들 좋아했다. D는 자신의 나라를 알리는 역할도 톡톡히 했다. 센터에서 양성하는 '다이음 강사'에 지원하여 교육을 받고 지역의 초·중·고교에 나가 네팔을 알렸고, 다문화 축제나 각종 행사에서는 단골로 네

팔 의상을 입고 춤을 선보여 인기를 독차지했다.

특히 D는 글쓰기를 좋아했다. 한국어 공부하기도 버거울 텐데 자신의 네팔 생활과 한국의 생활을 글로 나타내는 것을 즐겨 했다. 글을 쓰는 내가 도움을 줄 수 있어 다행이었다. 쓰고 싶은 내용을 네팔어로 쓰고 한국어로 번역하는 방법으로 글쓰기를 지도했다. 처음부터 한국어로 나타내려면 서툰 한국어 때문에 표현이 어렵기 때문이다. 그렇게 한국어로 쓴 글을 첨삭 과정을 거쳐 MBC 라디오 <여성시대>에 내게 되었고 방송에도 소개되어 대형 TV를 상품으로 받고 방송국에서 취재를 나오기도 했다. 또 동해무릉제 백일장에 참가하여 <차상>을 받기도 했다.

D는 지금 네 아들을 키우며 초등학생 학습 관련 일을 하고 있는데 한국 사람들을 제치고 거의 매달 독보적으로 그달의 '우수팀장상'을 거머쥔다. 열심히 사는 새댁 중에서도 으뜸이며 모든 결혼이민자들의 귀감이 되고 있어 나는 그의 선생님이었다는 것에 큰 자부심을 느낀다.

몇 새댁들이 글에 관심을 보여 글쓰기를 지도했는데 동해무릉제 백일장에서 모두 큰상을 받았다. 자녀도 셋이나 낳아 잘 키우고 있으며 백일장 '대상'에, 토픽 6급을 따기도 했던 R 새댁이 생각난다. R은 친절하고 항상 긍정적이며 잘 웃는다. 나의 뇌리에 살짝 박혀 있던 특정 나라에 대한 고정관념까지 완전히 쇄신시켜 준 훌륭한 '외교관'이라는 생각이 들었고, 나는 이 새댁 나이에 무엇을 했을까 하고 반성도 했었다.

한편, 가끔 육아로 스트레스를 받는 새댁들을 본다. 한창 말 안 들을 나이의 두 아들을 두고 있는 한 새댁은 아이가 말을 듣지 않고 고집을 부리면 화가 난다. 아이들의 심리를 이해 못 하며 엉엉 울기까지 한다. 그런데 화를 내면 온몸에 열이 나면서 심장이 조여들어 심하면 쓰러지기도 한단다. 그래서 이런 말을 해 주었다.

- 아이들이 자기 고집을 부리는 것은 자아가 생긴다는 증거이다. 자아의 싹을 엄마가 자르고 싶은가? 두 아들은 지극히 정상적으로 자라고 있다. 오히려 엄마가 화를 내어 아이들이 고집을 꺾는다면 아이들은 자라면서 본인 의지는 없고 남들 기분에 나를 맞추는 삶을 살게 될 것이다. 선택을 해야 한다. 생각을 바꾸어 아이들 편에 서느냐, 계속 화를 내어 아이들은 물론 자신까지 망가뜨리느냐. -

어려운 용어는 사전을 찾아가며 설명하고 설득했다. 놀랍게도 아이 엄마는 그날 이후로 아이들의 어떠한 행동에도 화가 나지 않을 만큼 마음이 편해졌으며, 아이들로 인해 심장이 조여드는 일이 없어졌다고 한다. 아이를 여럿 키운 선생은 학습자에게 '산 교육'을 전수할 수 있다고 나는 굳게 믿는다.

물론 나도 아이들에게 다정다감한 엄마는 아니었다. 의외로 갈등은 반대의 경우가 아니라 자신과 비슷한 관계에서 생긴다. 첫아이에게 항상 미안한 것이 나하고 성격, 모습이 똑같으니 어쩌겠는가. 그래서 키우면서 매를 많이 대었다. 양심선언을 하자면 아마 성폭력을 제외한 모든 폭력을 행사하며 큰아이를 키운 것 같다. 굳이 변명을 하자면 첫아이에 대한 기대가 컸고, 아이 역시 그 기대에 부응했고, 엄마는 점점 더 기대치를 키우기만 했지, 아이의 힘듦은 간과한 것이다. 큰아이에 대한 나의 양육 방식이 잘못되었음을 깨달은 것은 둘째와 셋째를 키우면서였으니 지금도 큰아이를 보면 마음이 짠하다. 그래서 새댁들의 시행착오를 줄여줄 방법으로 나의 양육 경험을 많이 이야기해 주었다.

행복한 생활을 계획하고 들어온 이주여성들은 한국어와 한국문화를 공부하고 모국의 문화를 접목하여 또 다른 문화를 만들어 내며 모범적인 한국 생활을 한다. 또한 선배로서 갓 결혼한 후배 주부들에게 한국생활의 시행착오를 줄여 주는 멘토의 역할까지 수행한다. 센터의 직원이 되어 통·번역 일을 하고, 호텔에서 외국 손님을 맞는 일, 외국어 공부를 원하는 한국 사람들에게는 선생님이 되고 한국인과 어깨를 나란히 하여 사회생활을 한다. 또한 자녀들에게도 모국어를 가르쳐 이중 언어 가능자로 미래의 글로벌 인재가 되는 데 큰 힘을 보태고 있다.

이제 우리나라도 국제결혼이 낯설지 않은 시대가 되었다. 아쉬운 것은 학습자들에게 대화를 나누는 한국 사람이 있느냐고 물어보면 대부분 없다고 한다. 두려움에 가까이 다가가지 않는다. 가정에 들어가 보면 남편들이 꺼리는 경우도 있었다. 이유는 여러 모로 비교 당하는 것이 싫기 때문이다. 센터에서 만나는 다른 나라 새댁들과는 의사소통이 답답해, 같은 나라 출신 친구하고만 소통하다 보니 물과 기름처럼 어울리지 못하는 것이다. 어린 나이로 물설고 말 선 이국땅에 그것도 처음 만난 남자를 따라, 무엇이 그런 용기를 내게 했는지 이유는 다양하지만 공통점은 '행복'을 바라는 마음이리라.

결혼을 목적으로 입국했기 때문에 오자마자 임신을 하고 출산을 하고 육아를 한다. 한국문화를 전혀 알지 못한 상태에서 주부의 일이 시작되어 말 그대로 좌충우돌이다. 하지만 제도적 차원에서 체계적인 교육을 위한 정부의 인적·물적 지원이 많아 잘 활용한다면 적응에 도움이 될 것이다. 이를 위해서는 나 자신을 비롯, 우리 국민 모두가 결혼이주여성에게 지속적인 교육 정보 안내 및 참여 독려가 필요하다고 본다. 왜냐하면 이들은 한국 사람과 함께 살아가야 하며 빠르면 빠를수록 그 효과는 배가 되기 때문이다. 이들이 이웃의 서로 다른 문화를 가진 또래 주부와 자연스럽게 차를 마시며 다양한 문화에 대해 이야기할 날이 곧 오리라 믿는다.

제 2 부

‘문화’라는 이름으로

사계四界의 잔상殘像

우리 집은 산꼭대기에 있었다. 아마 우리 반에서 내가 하늘과 가장 가까운 곳에 살았을 것이다. 학교를 가기 위해 날도 새기 전 집을 나서던 기억, 고개를 넘고 또 넘던 기억이 있다. 훨씬 지난 후 내 아이들에게 읽어 주던 전래동화 <해와 달이 된 오누이>에서 어머니가 부잣집에서 하루종일 일을 하고 떡을 얻어 고개를 넘다가 호랑이를 만나 고개 하나를 넘을 때마다 떡 한 조각씩을 주고 팔, 다리, 몸뚱이까지 내주던 그 고개, 작가는 필시 내가 살았던 그 고개에서 작품을 썼으리라.

새벽이면 온갖 벌레 소리 새 소리에 도대체 잠을 잘 수가 없었다. 그런데 나는 잠을 깨우는 수많은 벌레와 새 중 단 하나만, 이른 봄에 우는 뻐꾸기 소리만 좋아했다. 나만 좋아한 게 아니라 우리 엄마도 좋아했다. 언제나 "뿌꾸지가 벌써 우네. 봄이 깊었구나. 세월이 참 빠르네. 인생사 일장춘몽이라더니…." 엄마는 뻐꾸기가 처음 울 때마다 매년 똑같은 코멘트를 날렸지만, 고사성어 '인생사 일장춘몽'은 말하면서 뻐꾸기가 탁란을 한다는 것은 알려주지 않았다. 대신 어려서도 가끔 사람들이 '뻐꾸기 새끼를 키웠다'라고 하는 말은 들어보았지만 그땐 어쩌다 뻐꾸기가 자기 둥지를 헛갈렸나 보다고 생각했었다. 아내가 부정을 저

질러 남편이 아닌 다른 남자의 아이를 잉태한 것을 모르고 평생 자기 자식인 줄 알고 키운 남편을 두고 하는 말이라는 것은 나 역시 결혼을 하고 난 다음 알게 되었다.

세월이 흘러 우연히 유튜브에서 알고리즘을 따라 흘러가다가 뻐꾸기의 탁란을 마주하고 말았는데 그때 큰 충격을 받았다. 뻐꾸기는 주로 대여섯 개 붉은머리오목눈이 알이 있는 둥지에 알을 낳고 둥지 주인의 눈을 속이기 위해 알을 하나 버린다. 그런데 누가 봐도 큰 뻐꾸기 알을 엄마만 모르고 알이 깨어나면 열심히 먹이를 물어다 먹인다. 그 사이 뻐꾸기 새끼는 둥지 주인의 알과 새끼를 모두 밖으로 밀어 버리고 둥지를 차지한다. 뻐꾸기는 늦봄에 왔다가 가을이 되기 전 떠나야 하므로 짧은 시간 둥지를 만들 시간이 없어서 남의 둥지에다 알을 낳는다고 한다. 본능이며 자연의 섭리인 줄을 알면서도 더 이상 뻐꾸기 소리가 청아하게 느껴지지 않았다. 또, 그 후로 뻐꾸기 우는 소리를 들으면 언제나 작은 붉은머리오목눈이가 자신보다 배나 큰 새에게 먹이를 물어다 먹이는 모습이 생각난다. 행여나 먹이를 먹이는 작은 새까지 잡아먹을 것 같은 불안하고 잔인한 마음과 함께.

봄이 지나 여름이 오면 모깃불을 피워놓고 마당에 멍석을 깔고는 온 가족이 잠을 잤다. 쑥향 가득한 마당에 누워 엄마는 외할머니가 엄동설한 여동생을 낳고 외할아버지에게 쫓겨나 그 길로 돌아가셨으며, 그래서 계모 밑에서 서럽게 자란 얘기를 했다. 계모가 낳은 여동생을 데리고 시집까지 온 엄마. 엄마의 이야기를 들으며 바라보았던 한여름밤의

별은 통곡 소리로 가득했다. 왜 그리 별들도 많은지 쏟아질까 봐 겁이 나기도 했었고, 잠이 들면 별들 사이를 날아다니는 꿈을 꾸었다. 그래서 지금도 맑은 밤, 하늘에 가득한 별을 보면 그 환상에서 벗어나지 못한다.

여름의 절정이 되면 참매미의 울음소리로 골 안이 가득 찼다. 땅속에서 7년을 있다가 세상에 나와 일주일밖에 살지 못하는 운명에 절규하다가 생을 마감하는 매미다. 그나마 암컷 매미는 한 번 울어보지도 못한다.

세월이 흘러, 아들이 유치원에 다닐 때였다. 여름날 발코니 방충망에 매미가 자주 날아와 울었다. 낭랑한 소리에 빠져 있다가 매미가 집 안으로 들어왔으면 좋겠다는 생각에 방충망을 활짝 열어놓았다. 바람대로 매미는 안으로 들어왔고 얼른 방충망을 닫았다. 매미는 낯선 환경에 소리 내어 울지는 못하고 울먹이기만 했다. 다음 날, 사촌 형 집에 놀러 간 아들이 소식을 듣고 전화를 했다.

"엄마, 매미 아직 있어?"

"응, 왜?"

"매미는 이슬을 먹고 살잖아?"

"그렇지?"

"우리 집에 이슬 있어?"

"아!"

아들은 매미가 이슬을 먹지 못해 죽을 수도 있다는 생각에 형들과 놀지도 못하고 매미를 빨리 내보내서 이슬을 먹게 하라고 통사정을 했다. 외출 중이었기에 건성으로 대답을 하고 저녁에 들어와 주차를 하는데 우리 집 발코니에서 매미가 울고 있었다.

"맴맴맴맴맴…."

울먹이지도 않고 거침없는 그 소리, 현관문을 열자 매미는 소리를 멈추었다. 그리고는 또 울먹울먹.

고요한 한밤중에 매미가, 막힌 공간 그것도 함께 있는 공간에서 우는 소리를 들어본 경험이 있는 사람만이 알 수 있다. 매미는 밤이 되어 인간들 모두가 잠들자 밖 가로등 불빛을 받아 방충망을 올라가며 내려가며 울어댔다. 비상이 걸렸다. 온 식구가 벌떡벌떡 일어났고 드디어 매미는 시위 끝에 자유를 찾았다. 정서가 있는 자연의 소리는 그 공간에서만 가능한 것임을 몸으로 깨닫는 순간이었다.

가을의 초입이 되면 계절 전령사의 소임을 다하고자 제일 먼저 귀뚜라미가 찾아온다. 매년 첫 귀뚜라미의 울음소리를 들었을 때마다 나는 잠을 자지 못했다. 등잔불이 꺼진 시골집은 보이는 어느 곳이라도 불빛은 없었다. 적막이 흐를 때 찾아온 귀뚜라미는 어린 소녀의 잠을 걷어가 버렸다. 골방에 들어가 다시 심지에 불을 붙였고 밤새 무엇인가를 써댔다. 달이 지난 달력을 뜯어 뒷장을 빼곡히 채우고야 잠이 들었다.

왜 그리 겨울엔 눈이 많이 내렸던지…. 어쩌면 눈이 많이 내린 게 아니고 내가 어려서 키가 작았기 때문인지도 모르겠다. 아침에 일어나면 키를 훌쩍 넘긴 눈에 신이 나서 강아지하고 송아지하고 뛰어다녔다. 오빠는 집 안에 있는 식칼이란 식칼은 다 찾아내어 외발도 만들고 썰매도 만들었다. 개천가에 있던 이장네 다락논에 물을 대어 얼리면 온 동네 아이들이 모두 모여 외발을 타고 썰매를 지쳤다.

눈을 치워야 친구 집에 놀러 가지만 굳이 치울 필요는 없었다. 터널을 만들면 되었다. 친구는 우리 집으로, 우리는 친구 집으로 터널을 만들다가 중간에서 딱 만나면 큰일을 해낸 것에 감격했고 눈이 녹을 때까지 터널에서 놀았다. 또 친구 집 가다가 잃어버린 빨간 장화는 봄이 되어 눈이 녹고서야 찾기도 했다. 하루종일 눈밭에 구르다가 집에 오면 저녁도 먹기 전에 코부터 골더라고, '기집애가 머슴애들 가는 데를 하나도 안 빼고 쫓아다니더라'며 낼모래 환갑 되는 나를 보고 엄마가 슬쩍 눈을 흘긴다.

지금에야 고향 집에 가면 어릴 적 내가 그립다. 모든 것은 옛 모습 그대로이고 하물며 엄마의 레퍼토리까지 그대로인데 나만 달라졌다. 마당에 깐 멍석에 누우면 등이 배기고, 국자 모양이기만 했던 북두칠성은 일곱 형제가 어머니를 위해 돌다리를 놓고 있는 분주한 모습으로 바뀌었다. 아기 주먹만 한 거미가 낚싯줄로 집을 지어 매미가 걸려도 놀라지 않으며, 마당가 울타리에 앉은 잠자리를 이제는 잡지 않는다.

기나긴 겨울밤, 마실 간 엄마 아버지를 기다리던 무서운 밤, 시간이 지나 그분들이 돌아왔을 때 서늘한 엄마 냄새를 깊이 들이마시며 비로소 잠이 들던 어린 그때, 그리우면 지는 것이라고 했다. 그래, 난 졌다. 나는 그때가 그립다.

소牛 이야기

시댁에는 참 맛있는 단감이 달리는 나무가 있었다. 갓 시집온 새색시는 단감을 좋아했다. 친정에는 추운 지역이라 단감나무가 없었기 때문에 시집을 와서 단감을 처음 맛보았다. 가을의 초입이 되어 갓 태어난 아기를 데리고 시댁에 가서 얼마간 있었다. 남편이 교육으로 2주간 집을 비우게 되어 추수철 바쁜 부모님의 일손을 들어드리는 일로 식사를 해드리고 집도 지켰다.

가을과 함께 감도 익기 시작한다. 이때부터 나의 손이 자라는 곳까지 있는 감은 나에게 시달리기 시작한다. 새신랑이 말했다. "단감이 익었는지는 감꼭지 부분에 물결처럼 여러 개의 선이 돌아가 있는지를 보고, 그렇다 하면 손톱으로 살짝 껍질을 까 봐서 안에 검은색 점이 많이 있으면 익은 거야."라고. 시골에서 자라 시골 생활이 낯설지는 않았지만 우리 집이라는 느낌은 들지 않았다. 게다가 남편도 없이 아기를 보는 일도 식사를 준비하는 일도 밤에 극성인 독이 잔뜩 오른 모기도 모두 싫었다. 하지만 단감이 익어가고 있다는 생각에 모든 걸 감수하고 있었다.

낮에 시부모님이 논에 일을 하러 나가시면 나는 아기를 재워놓고 감나무 밑에서 감이 익었는지를 확인하는 일을 했다. 남편이 가르쳐 준 대로 감이 익었는지 확인하느라 온통 단감은 나의 손톱자국으로 몸살을 앓았다. 아기가 자는 시간에 단감을 따 먹으며 시간을 보내던 어느 날, 색깔도 노르스름하고 꼭지 부분에 물결무늬도 많고 손톱으로 꼬집어 보아도 익은 것 같아 딴 감이 전혀 익지 않은 '생감'이었다. 생감도 잘 먹는 나는 웬만하면 먹으려고 한입 물었는데 너무 떫어 도저히 먹을 수 없어서 나도 모르게 외양간에서 나를 빤히 쳐다보고 있는 황소에게 던져 주었다. 황소는 좋아하며 받아서 먹었는데….

잠시 후 황소는 괴성과 함께 날뛰는 것이 아닌가. 깜짝 놀라보니 너무 큰 감을 통째로 삼켜서 목에 걸려버린 것이다. 황소는 고통스럽게 소리를 치며 눈에 흰자위만 남아 날뛰었다. 순간 나는 정신이 아뜩해졌고 방 안에 아기가 깨서 우는 소리도 귀에 들어오지 않았다. 이 소가 죽으면 나는 친정집에 가서 소 한 마리를 몰고 와야 하는가? 친정아버지는 소 한 마리를 내주시겠지만 시아버지가 그 소를 받으실 리 만무한데 나는 어떡하지? 죽는 소가 불쌍하다는 생각은 차후의 문제였고 그때는 소를 돈으로 환산하는 생각밖에 나지 않았다.

순간 나는 큰 결심을 했다. 감이 아직 소의 목에 걸려 있을 것이다. 그래서 소의 입으로 손을 넣어서 감을 빼내기로 했다. 소는 눈을 허옇게 뒤집어쓰고 여전히 동굴울음을 내뱉으며 고통스러워하고 있었다. 나는 벌어진 소의 입으로 손을 넣었다. 그런데 콧물과 침이 줄줄 흐르고 언제 다물어 버릴지 모를 소의 입과 철수세미같은 혓바닥에 소름과 함께 기겁을 하며 손을 뺐다. 하지만 소를 살려내야 한다는 생각에 다시 깊이 손을 넣었는데 감처럼 느껴지는 뭔가가 있었지만 꺼낼 수는 없었다. 그러다가 내 손에 의해 감이 밀렸나 보다. 포기하고 손을 빼냈는데, 순간 소의 검은 눈동자가 돌아왔다. 그렇게 소는 죽다가 살아났고 나는 긴장이 풀려 털썩 주저앉았다.

시골에서 자라 소하고 같이 살았는데도 아무리 큰 소라도 큰 덩어리는 잘라 주어야 한다는 것을 몰랐다. 소는 뭐든 잘 먹는 줄 알았다. 소도 그렇지, 매일 내가 따먹는 감이 그리도 맛나 보였나. 아무리 그래도 한 번만 씹었으면 넘어갔을 텐데 그걸 삼킬 생각을 했을까. 그렇게 아무 일 없었다는 듯이 하루해가 지났다. 30년쯤 지난 후 시어머니께 말씀드렸더니 "걱정을 많이 했겠구나. 옛 어른들 하시는 말씀에, 키우던 소가 죽는 것은 가족 중의 죽을 사람을 대신한다는 말이 있더구나. 소가 감이 걸려서 죽었더라도 그렇게 생각했을 것 같구나."라고 하셨다. 역시 매사에 긍정적인 우리 어머니시다.

내가 어렸을 때만 해도 농사를 짓는 시골에서는 소가 없으면 안 되었다. 밭을 소가 갈았고 외양간에서 나오는 소의 분뇨는 중요한 거름이 되었다. 그리고 자식이 대학을 갈 땐 등록금으로 소 한 마리면 충분했다.

그런 소를 실제로 죽인 일이 있었다. 어렸을 때 방학이 되면 동네 아이들과 집에 있는 소를 모두 몰고 산으로 풀을 뜯기러 갔다. 소를 풀어놓고 우리는 숨바꼭질을 하고 나무 꼭대기까지 누가 더 높이 올라가나 내기를 하고 송구(소나무 속껍질)를 해 먹었다. 또 더덕과 산도라지 냄새가 나면 어떻게든 찾아내어 캤다. 그렇게 하다 보면 점심때가 된다. 우리는 각자의 소를 찾아 나무에 매어 놓고 점심을 먹으러 집으로 간다. 저녁이 되어 소들이 배가 부르면 집에 갖다 놓고 골 안 깊은 폭포로 가, 아득히 높은 곳에서 떨어지는 물매를 맞으며 멱을 감았다. 여름방학은 늘 그렇게 보냈다.

그렇게 일상을 보내던 어느 날, 점심을 먹고 소들에게 돌아와 보니 한 마리가 축 늘어져 있었고 한 마리는 그 주변에서 역시 쓰러지기 직전인 듯 힘들어하고 있었다. 너무 가까이에 매어 놓아 고삐가 서로 엉킨 것이다. 소들은 서로서로 돌았고 점점 더 엉키어 한 마리는 목이 졸려 죽은 것이다. 우리 소가 죽었다. 벌린 소의 입으로 혀가 엄청 길게 빠져나왔다는 것이 기억난다. 가까이 가지도 못하고 여자애들은 무서워 울고 오빠들은 아버지를 불러왔다.

때아닌 쇠고기로 동네잔치가 열렸다. 소는 언젠가 팔리게 되면 도축장으로 가서 고기가 되지만 우리 집에서 키우던 소가 죽었다고 동네에서 소의 가죽을 벗기고 고기를 불에 구워 먹는다는 것은 잔인하다고 생각하였다. 우리 부모를 비롯하여 모든 동네 사람들은 그런 기색 하나 없이 언제 먹어보았을지도 모르는 쇠고기를 배가 터지도록 먹는다는 것에 즐거워하는 것 같았다. 막걸리만 죽어나는 날이었다. 그리고는 남은 쇠고기를 나누어서 가지고 갔다. 시골에서 쇠고기를 자주 먹을 수 있는 것도 아니라 부모님은 내가 고기를 안 먹는 것에 화를 냈지만, 나는 먹지 않았다.

며칠 후 엄마는 산에서 일하시는 아버지께 참을 갖다 드리라는 심부름을 시켰다. 싸주는 보따리를 들고 아버지가 일하는 산으로 가서 풀었는데 구운 쇠고기와 막걸리였다. 아버지는 저분으로 큰 고깃덩이를 하나 소금에 꾹 찍어 내 입에 넣어주었다. 미처 피할 겨를도 없이 본능적으로 입을 벌렸는데, 우리집 소의 고기가 이렇게 맛이 있었다니…. 미처 우물우물 몇 번 씹기도 전에 그 큰 고깃덩이가 넘어가고 나는 참새 새끼처럼 다시 입을 벌리고 있었다. 그날 아버지가 한 점을 먹었는지 아닌지는 생각나지 않지만, 마지막 남은 하나는 내가 스스로, 내 손으로 집어 먹었다는 것이 사실이다. 지금 생각하면 먹는 순간에 죽은 우리 소가 불쌍하다는 생각을 한 기억조차 없었다는 게 소한테 미안할 뿐이다. 그렇게 소는 비명횡사하고도 우리에게 고기까지 주었는데, 자식을 잃은 어미 소는 외양간에서 몇 날 며칠을 울었다.

한편, 우리 소를 죽게 한 이웃의 소는 죽음 바로 직전에서 살아나는 운을 받았지만 소의 주인은 죽은 우리 소에 대한 미안함으로 마음 아파했다. 급기야 며칠이 지난 다음 소 한 마리 몰고 와서 우리 외양간 그 자리에 매어 놓고 돌아갔다. 그렇다고 어디 소를 받을 아버지인가. 아버지는 소를 도로 몰아다 주었고 더 돈독한 사이로 지내게 되었다.

소를 잃어버린 적도 있었다. 소 한 마리를 찾지 못하고 집에 돌아갔고 동네 어른들이 나서서 소를 찾으러 갔지만 허탕 치고 돌아왔는데 다음 날 새벽 아버지가 소를 찾아서 몰고 왔다. 소는 길을 잃으면 무덤가에서 잠을 잔다. 인간에게 의지하던 습관으로 무덤 속에 사람이 있다는 것을 아는 것인지는 잘 모르겠지만 소와 사람과의 관계는 분명 있어 보인다. 이는 바로 우리 시어머니가 말씀하신 '사람을 대신하여 소가 죽는다'든가, '소 꿈은 태몽이나 조상으로 해몽된다'든가 하는 것과 무관하지 않을 듯하다.

친구들과 비슷한 시기에 결혼을 하고 막 아이들이 태어날 때였다. 하루는 꿈에 친구 집에 놀러 갔는데 현관문을 열자 집 안을 가득 채운 큰 황소 한 마리가 있었다. 깜짝 놀라서 "아파트에서 소를 키워도 돼?" 했더니 친구는 "이건 우리 소가 아니야."라고 대답했다. 다음 날 그 친구에게 말했다. 해몽을 하자면 태몽인 것인데 위로 연년생 두 아이가 있어 약한 몸을 가진 친구는 도저히 키울 자신이 없어 낳지 않은 선택을 한 후였다. 지금도 집 안을 가득 채웠던 한 마리 황소가 마치 어제 꾼 꿈처럼 선명하다.

소는 참 온순하다. 껌벅거리며 아무런 사심을 갖지 않고 바라보는 눈, 거기에 속눈썹은 또 얼마나 긴데…. 나도 없는 쌍꺼풀까지 가지고 있다. 소는 고삐를 쥔 사람을 맹목적으로 따른다. 그것이 다섯 살 먹은 아이라도 끄는 쪽으로 따라가지, 아이라고 무시하지 않는다.

딸아이가 시집을 가서 손자를 낳아 외가를 방문했더니 엄마는 내가 시집갈 때 주었던 소의 코뚜레를 내 딸에게도 주었다. 소가 사용한 적이 있는 코뚜레를 집 안에 걸어 두면 모든 일이 잘 풀린다는 말이 예부터 전해 내려온다는 것이다. 코뚜레는 송아지에게 고삐를 매기 위해 코를 뚫을 때 사용하는 둥근 고리 모양의 나무이다. 송아지가 조금 크면 고삐를 매어 통제를 하기 위함인데 송아지는 코를 뚫을 때 피를 흘리며 아파한다. 그러니까 아마 막힌 부분을 뚫는 의미로 코뚜레를 해석하는 것 같다.

요즘은 시골에서도 소를 전문적으로 키우는 목장을 제외하고는 소를 키우지 않는다. 그 옛날 긴 겨울밤에 부모님은 마실 가시고 오빠도 놀러가 버리고 어린 동생들과 집에 있을 때의 무서움을, 외양간에서 소가 움직이는 소리로 위안받은 기억이 있다.

시골에서 자랐다는 것은 큰 무기이자 자산인 것 같다. 어린 시절의 이야기보따리를 풀면 끝이 없기 때문인데 도시에서 자란 사람들은 상상이나 할 수 있을까. '뜯어 먹을 상처가 있어야 글이 써진다'는 문학 평론을 강론하시던 교수님이 생각난다. 돌아보면 긴장감에 소름 돋던 그때가 나의 글감이 되고 있다. 이제는 '소'까지 소환하다니….

거미

오랜만에, 실로 오랜만에 차의 내부 청소를 시작했다. 밖에서 나의 빨간색 경차를 보는 사람은 차 주인이 정말 깔끔할 거라는 말을 한다. 그도 그럴 것이 10년이 지난 차지만 세월에 비해 색깔이 선명하게 유지되고 있기 때문이다. 너무 열심히 세차하면 색이 빨리 바래진다고 하니 아마 내 차가 제 색을 유지하고 있는 데는 차 주인의 게으름이 작용했지 싶다. 그렇지만 차를 한번 타 본 사람은 다시는 내 차에 대해 말을 하지 않는다. 그들이 본 차의 내부는 외부의 고운 색을 덮어버리기 때문이다.

며칠 전 처음 내 차를 탄 사람이 이런 말을 했다. "어머, 여성분이라 얌전한 일을 하실 줄 알았는데 공사 현장에 나가시나 봐요." 바로 이런 때가 좋은 일도 아니함만 못한 경우이다. 당시에는 웃고 넘겼는데 지금 서둘러 내부 청소를 하면서 생각해 보니 아마 그때 내가 충격이란 걸 먹었나 보다. 그렇지만 차의 내부 청소는 지금부터 등장하는 '거미' 때문에 그리 중요하지 않은 것이 되어 버렸다.

차 문을 다 열어 놓고 먼지털이로 먼지를 털어내는데 뒷좌석 위쪽, 그러니까 후진할 때 보이는 뒤쪽 유리문 구석에 가느다란 줄이 보였다. 나의 시력이 1.5이길래 보였지 1.2 정도라도 보이지 않았을 것이다. 공사판 차량으로 보일만한 차 안에서 그걸 발견한 건 우연이 아닐 것이다. 그것은 거미줄이 확실했다. 탈모증이 심한 내 남편의 정수리에 힘겹게 올라오는 머리카락보다 더 힘없고 가느다란, 보일 듯 말 듯한, 그러나 형태는 완벽하게 갖춘 거미줄을 보자 갑자기 생명의 존엄성이 느껴졌다. 거미줄은 걷어냈지만 어딘가에 있을지도 모를 거미가 염려되어 오랜만에 시작한 청소는 또다시 '대충'일 수밖에 없었다. 이건 내 의도가 아니다. 나도 아주 깨끗하게 청소를 하고 싶었다.

며칠 전, 첩첩산중의 시골 친정에서 거미줄에 걸린 매미를 살려주었다. 집 주위에 온통 매미 울음소리로 오랜만에 만난 친정엄마와의 대화소리가 들리지 않을 정도였는데, 어느 순간 흡사 오리가 꽥꽥거리는 듯한 매미의 비명소리가 들렸다. 매미가 날아가다가 거미줄에 걸린 것이다. 주위에서 울던 매미들도 서둘러 그곳을 떠났다. 좌우 생각할 것도 없이 장대로 거미줄을 내리쳤다. 그런데 어찌 된 영문인지 거미줄의 모양 하나 흐트러지지 않았다. 명주실 같기도 하고 아니 이건 숫제 낚싯줄로 만든 것 같았다.

줄이 흔들리자 거미가 나타났다. 내가 태어나 어린 시절 스무 해를 사는 동안도, 쉰을 바라보는 지금도 그렇게 큰 거미를 본 적이 없다. 과장법을 쓰지 않더라도 아기 주먹만 했다. 머리카락이 곤두서면서 장대를 집어던지고 흠칫 물러났다. 그러나 계속 비명을 지르며 몸부림치는 매미를 보자 구출해야겠다는 사명감에 불타 장대를 다시 들었다. 다행히 한참 만에 매미를 구했다. 거미는 방해꾼을 어찌하지 못하고 슬금슬금 어디론가 가버렸다. 구출하긴 했으나 매미는 온몸에 거미줄에 묻어 있던 끈끈이가 달라붙어 날지를 못하고는 시름시름 앓다가 죽었다.

처음엔 내가 잘한 일인 줄 알았다. 한 생명을 구했다고 믿었다. 매미는 죽기는 했지만 거미에게 잡아먹히는 것보다는 나은 일이라고 생각했다. 나는 거미의 입장을 생각하려고는 마음도 먹지 않았다. 시골집에서의 거미나 내 작은 차 안에서의 거미나 목적은 같다. 거미는 생존을 위해 줄을 치고 날아가다 걸린 곤충을 잡아먹고 산다. 커다란 거미는 기왕이면 큰 먹이를 먹어야 하므로 단단한 줄로 넓고 크게 거미줄을 쳤을 것이고 계획은 성공하여 매미가 걸렸을 것이다. 파리나 좀 더 큰 벌 정도라도 넓은 거미줄에 걸리지 않고 통과되었을 것이다. 어쩌다 재수 없이 이들이 끈끈이로 되어 있는 줄에 걸렸다고 해도 거미는 못 본 체 했을 것이다. 큰 거미의 위장을 채우기엔 작은 먹이는 번거로울 뿐이기에 선심 쓸 겸 이들을 살려 줄 수도 있는 것이다.

내가 그때 거미의 입장을 생각했었다면 매미를 외면해야 옳았을까? 주어진 방식대로 사는 거미는 남의 것을 가로채기도 하는 인간들과는 달라도 한참 다르니 말이다. 먹이는 얼마든지 잡으면 되지만, 삼라만상의 생존 방식조차 이해하지 못하면서 만물의 영장이라고 떠드는 인간을 거미가 비웃었을 것 같아 마음이 편치 않았다. 본능에 의해 몸부림쳤을 뿐이지 매미도 섭리인 먹이사슬을 당연히 받아들일 생각이었을

지 모른다.

어쩌다 많은 장소를 두고 차 안에다 그 여린 줄을 치게 되었을까. 거미도 공사 현장이라고 생각했을까. 먼지가 날아다니는 걸 보고 초파리 정도는 충분히 걸릴 거라고 생각했는지도 모른다. 거미가 굶어 죽지나 않았는지 걱정이 되었다. 밖으로 나갔다면 모를까 쳐놓은 거미줄에 먹이는 고사하고 이젠 경작할 밭마저 없어졌으니 말이다.

거미의 생사는 나의 바쁜 일상에 관심 밖으로 밀려나게 되었지만 한동안 거미가 차 안에 줄은 쳤다는 사실은 화제가 되었다. 내 차에 타는 사람들마다 나는 침을 튀기며 신호가 바뀌는 것도 모르고 떠들었고, 내가 일하는 학교 도서관에서 아이들에게도 말해주었다. 무엇보다 동네 슈퍼에 모인 아줌마들에게 얘기할 땐 그 웃는 소리로 길 가던 행인들이 발을 멈춰 설 정도였다. 남편이 내게 '그것은 누워서 침을 뱉는 일'이라는 걸 가르쳐 주었을 때는 이미 맏아들 청첩장 돌리듯 구석구석, 알뜰히 다 전달한 뒤였다.

거미의 이야기를 함구하고 생활하던 어느 날이었다. 그날도 누군가에게 자극을 받아 차 청소를 하던 중 나는 탄성을 지르고 말았다. 거미줄, 예의 그 거미줄이 또 있는 게 아닌가. 놀란 것보다 반가웠다. 거미는 여전히 찾을 수 없었지만 이번엔 거미줄을 걷어내지 않았다. 거미는 어떻게 살았을까. 생물이라고는 뭐 하나 없는데 뭘 먹고 무슨 힘으로 거미줄을 쳤을까. 어쩌면 마지막 힘을 짜내어 거미줄을 쳐 놓고는 기진맥

진한 몸으로 어딘가에 숨어 먹이를 기다리는지도 모른다.

거미를 위하여 차 문을 조금 열어놓았다. 초파리들이 좋아하는 포도도 올려놓았다. 거미가 다시 차 안에다 줄을 쳤다는 사실을 주위 사람들에게 알려야 할지 말아야 할지 고민에 싸였다. 임금님의 머리를 깎은 이발사처럼 대나무숲이라도 찾아갈까 보다.

엄마처럼은

어느 때부터인가 딸들이 말해 왔다. 엄마처럼은 안 살 거야.

아이들의 할머니 댁은 퍽 자주 붐비었다. 명절 때 붐비었고 생신 때 붐볐고, 어버이날과 제사 때에도, 여름휴가나 주말에도 붐비었다. 언제나 왁자지껄했고 고만고만한 아이들은 사촌들과 어울려 놀았다. 아이들의 고모들이 모두 시집을 가고 큰집, 작은집 가족들만 모였을 때는 스무 명이 좀 넘었고 할아버지 할머니 생신 때나 집안의 공동 행사에는 네 명의 고모 식구들까지 아홉 남매가 모두 모여 그 수는 거의 배가 되었다. 아이들은 저들의 사촌들을 만나면 신났고 일찍 집에 가게 되는 사촌들과는 헤어짐을 아쉬워하는 빛이 역력했다.

다섯의 남자들과 시부모님은 소파에 비스듬히 앉아, 또는 누워 네 명의 며느리가 부산히 움직이는 주방을 흐뭇한 듯 바라보았다. 며느리들은 이들의 시선을 느끼며, 최대한 펑퍼짐하게 옷을 입었지만 혹시나 자신들이 몸의 윤곽이 나타나지는 않는지를 신경 쓰면서 이들의 입으로 들어갈 음식을 장만해야 했다.

동네 사람들이 지나며 '이 집은 복 받은 집'이라고, '조상이 공덕을 많이 쌓았을 것'이라고, 그래서 '항상 집에 사람들이 끓는다'고 입에 침이 마르도록 칭찬을 했다. 천사의 심성을 가지신 우리 시어머니께서는 가볍게 들르는, 혹은 지나가는 객들을 아이의 미소로 대하며 들어와서 뭔가를 대접받고 가시라고 권하시고 과객들은 어머니께 진심으로 고마워하신다. 그렇게 나를 기준으로 서른여섯 해가 지나고 있으며, 집을 떠나기 전까지 그런 엄마의 모습을 고스란히 본 나의 딸들이다.

내가 시집을 왔을 때 심히 혼란스러운 것이 있었다. 바로 극과 극을 달리는 집안의 문화 차이였다. 나의 친정어머니는 아직도 명절이나 아들딸이 집에 온다고 하면 손수 시장을 봐 놓거나 음식을 만들어 놓는다. 아무리 말려도 소용이 없다. 아흔이 넘은 시어머니, 아흔을 바라보는 친정어머니는 처음부터 그랬다. 시어머니는 젊어서부터 며느리가 오면 부엌에 들어가지 않으셨다. 밖에 나가서 먹거나 배달 음식을 먹는 것은 아마 지금까지 열 손가락이 모자라지 않을 것이고 그나마 최근의 일이다. 처음에는 적응하는 것이 너무 어려웠지만 우리 시어머니가 현명하셨다. 사람은 환경의 동물이라고 며느리들 버릇은 최고로 잘 들여놓으신 것이다.

결혼이민자들에게 한국문화를 가르치면서 누구보다 이들을 이해하는 선생이 아마 나일 것이라는 생각에 의심의 여지가 없다. 외국에서 시집온 새댁들이 앞에 나열한 저런 시댁의 모습을 이야기하며 이해하지 못해 할 때 나는 아직도 댁들보다 더한 집안의 며느리라고 하면 심오한 표정으로 고개를 끄덕인다.

나의 시댁은 내가 아는 어느 누구와도 비교할 수 없을 만큼 유교 사상이 짙은 집안이다. 조선시대의 모습을 옮겨놓은 듯했으니 나는 누구보다 한국의 옛 문화를 이주여성들에게 잘 설명해주고 이해시켜줄 수 있다. 그리고 변화무쌍한 세상, 변화하는 문화에도 마치 변화를 따르면 불효를 저지르는 양 옛것을 고수하는 집안 모습에 지금까지는 포기를 했지만 이제는 손을 놓고 싶다. 나도 '6'자를 찍고 보니 내 몸 하나 건사하는 것도 힘들다. 아직도 시댁에 가면 바깥세상과는 사뭇 다른 그 풍경 속에 살아야 한다. 그리고 그 끝을 가늠할 수가 없다는 것이 화를 넘어 서글프다.

다들 세상이 변했다고 하여 우리 며느리들도 모두 사회생활을 한다. 힘들 때도 있지만 긍지도 느끼고 보람도 느끼며 사회의 일원으로 좌충우돌 산다. 하지만 시댁에만 들어가면 내가 아닌 다른 사람으로 변하는 것 같다. 수업을 하다 보면 만나기도 하는 무기력한 아이처럼, 오랜 세월 내가 학습하여 잃게 된 기력, 딱 그런 사람이 된다. 어느 누구에게도 나의 시댁과 비슷한 집의 이야기를 듣거나 본 적이 없다. 이야기를 나누다 보면 혹자는 '어머, 너무 화목하겠어요.', '가족이 많아서 부러워요.'라는 말을 하는데 겪어본 결과 그들은 성향상 단 한 번의 경험조차도 참아내지 못할 이들이다.

엄마처럼은 살기 싫다는 말은 비단 내 딸들만이 툭! 내뱉은 말은 아니다. 나도 그랬고 이 세상의 많은 딸들이 했던 말이다. 왜 딸들은 엄마의 삶이 싫을까.

엄마처럼 살기 싫다는 두 딸 중 큰딸은 어려서부터 비혼주의자이다. 그래서 내가 아는 한, 남자에게 호감을 가지고 마주 앉아 차를 마신 적이 없다. 관심이 없는 것이 아니라 적대 의식까지 있는 듯하다. 이런 경우 흔히 아버지와의 관계에 문제가 있어서일 것이라고 하지만 보통의 가정적인 아버지, 아이들의 교육과 장래에 보통보다 관심이 더 많은 아버지에, 경제적으로 넘치지는 않아도 갈등을 겪은 적은 없다.

몇 년 전 명절의 마지막 날이었을 것이다. 친정에서 형제들과 이야기를 하다가 우연히 혼자 떠들고 있는 TV에 눈이 갔는데 낯익은 듯한 얼굴이 보였다. 모두들 내 큰아이를 정말 닮았다고 하여 보니 <안녕하세요?>라는 프로였다. 또 우리들의 화제에 빠져 있는데 또 아까 그 얼굴이 화면에 클로즈업 되었고 무슨 일로 화가 나 얼굴이 벌겋게 달아올라 폭발하기 직전이었다. 방청 녹화를 했다고 미리 들은 바는 없었지만 내 동생이 아무래도 저건 누나 딸이라고 하여 전화를 해보게 되었는데, 화면 가득 두 번이나 클로즈업이 되었던 얼굴은 바로 내 딸이 맞았다. 방청객의 화를 돋우던 출연자는 바로 권위주의자 남편, 조선시대에서 뛰어나 옴직한 남편과 그를 모시는 아내였다. 과장된 부분도 있을 남의 일에 마치 자신의 일인 것처럼 얼굴을 붉히며 몰입하는 내 딸, 딸아이의 뇌리에 서른 해 이상을 보아 온 우리 집안의 모습이 빙의되었던 것은 아니었을까.

엄마처럼 살지는 않겠다는 두 딸 중 작은딸은 작년에 결혼을 했다. 제 언니처럼 결혼을 안 하겠다는 뜻인 줄 알았더니 그게 아니었다. 친구나 동료들로부터 차도녀, 다시 말해 '차가운 도시 여자, 누구보다 요즘 사람, 자기중심적인, 그러나 합리적인 사람'이라는 이야기를 듣는다는 둘째가 결혼을 하겠다고 사람을 데리고 왔다가 갔을 때, 그리고 결혼식을 올릴 때까지, 아니 지금까지도 나와 남편은 사위의 첫 방문에 대해 대화를 나눈 적이 없다. 구구절절 열거하는 것이 의미 없을 만큼 둘째 역시 엄마가 살았던 모습은 하나도 닮지 않은 일단은 실속 있어 보이는 생활을 하고 있다.

딸들은 어렸을 때 말고는 엄마에 대해 말한 적이 없다. 어렸을 때 몇 번 '왜 엄마만 할머니 집에서 일하느냐'고 했지만 오히려 자라면서 자주 함직한 말을 더 이상은 하지 않았다. 아이들이 객지로 나가기 전까지 내내 제사에 혼자 가고 많은 식구들 밥상을 차리는 모습을 보아 온 딸들이다. 아이들은 그런 엄마를 보면서 결혼을 하지 말아야겠다, 또는 결혼을 하더라도 절대 엄마처럼은 살지 않아야겠다고 생각했을지도 모른다.

생각해 보면 시아버지의 성향을 가장 많이 닮은 내 남편의 의식 또한 딸들에게 부정적인 영향을 끼친 것일 수도 있겠다는 생각이 든다. 지금까지 단 한 번도 설거지를 한 적 없으며 아이 셋 키우면서 기저귀를 단 한 번만 갈아 주었다면 아무도 믿는 사람이 없어 나는 억울할 뿐이다. 남편은 아버지 때의 여자 일이라고 보아 온 것은, 그 일은 00가 떨어지는 일이라고 믿는 듯하다. 그리고 부모를, 형제를 위한 일은 다른 형제가 하지 않더라도 개의치 않고 혼자라도 해야 하는, 그런데 꼭 자신의 아내와 같이 해야 하는.

어쩌면 내 삶이 내 엄마의 그것을 닮은 듯도 하다. 딸은 은연중 엄마의 삶을 답습한다는 말이 허언(虛言)은 아닌 것이다. 엄마 역시 옛날 사람의 의식이 강한지라 여자는 어째야 한다는 말을 입에 달고 살았다. 어릴 때는 그것을 부정하려 바락바락 엄마에게 대들었는데, 고집이 하도 세어 세 아들 키우는 것보다 딸년 하나 키우는 게 더 힘들었다는 우리 엄마의 딸은 결국, 자라온 고집과 결혼 후 현실의 괴리감에 꼬리를 내리며 내 '엄마'로 버티는 것이다. '엄마만 이 세상 떠나면 다 집어치울 거야. 그때까지만 엄마의 마음을 아프게 하지 말자'라고 목표를 정한 듯 사는 사이 나의 생활은 곧 나의 정신이 된 듯하다. 분명 행동보다 마음이 먼저인데, 현실에서는 행동을 마음이 따라가는 일이 더 많은 것처럼 말이다. 서른여섯 해 전, 온순과는 거리가 먼 딸이 시집을 가겠다고 신랑을 데리고 집에 갔을 때 부모님의 걱정이 어땠을지는 살면서 나 자신이 실시간으로 체득했다. 그리고는 나의 행동에 내 부모가 호출되게 할 수는 없다는 생각으로 살아온 것도 부정할 수는 없다.

이런 이야기를 하는 것조차 벌써 나는 시대를 한참 지난 사람일 것이다. 지금은 누구를 위해 살고 누구를 욕 먹이지 않기 위해 내가 참아야 하는 시대는 아니니까. 하지만 내가 어린 시절 보아 온 엄마로 말미암아 내가 했던 행동들, 나의 결혼생활 모두는 내 아이들에게 벌써 지대한 영향을 끼쳐버리고 말았다는 것에서 자유로울 수가 없다. "엄마는 왜?"라고 드러내는 대신 아이들은 '엄마처럼은…'이라고 속으로 뇌며 스스로 살 궁리를 했던 것은 아닐까.

딸아이의 산후조리를 해주면서 “몸조리가 끝나면 음식물쓰레기는 전 서방 들려 내보내지 말고 네가 버리도록 해.”라고 했더니 바로 타박이 돌아온다. “엄마는 아직도 세상을 몰라? 절대로 며느리한테는 그런 말 하지 마. 하는 순간 엄마 아들이 곤란해져.”라고 못 박는다. ‘그래도 음식물쓰레기는….’ 이 부분만큼은 분명 엄마 말을 듣고 수긍하리라 생각했지만, 결국 본전도 못 건질 거라는 생각에 입 밖으로 내지 못했다.

소프트웨어 개발 일을 하며 주기적으로 회사를 바꾸어 연봉 올리는 재미에 빠진 큰딸, 아이 낳은 지 한 달 겨우 지나 출산 휴가도 끝나지 않았는데, 벌써 육아휴직 다 끝내고 출근할 계획 세우는 작은딸, 그리고 극을 달리는 부모와 자식 세대 사이에 낀 나. 그 방황의 끝은 어디일까.

우리 끝순이

아기가 태어났다. 엄마 몸에서 채 빠져나오기도 전에 목청 크게 울음부터 터트리던 큰딸과는 달리 간호사에게 엉덩이를 몇 대 맞고서야 앵~하면서.

간호사는 아직도 아기를 거꾸로 든 채, "아들이에요."라고 했다. 어, 태몽이 딸이었는데…? 의아해할 겨를도 없이 의사가 내 몸을 수습하며 아기는 쳐다보지도 않고 "잘 봐, 아들 맞아?"라고 하니, 황급히 간호사가 "어머, 죄송합니다. 딸이에요."라고 말했다.

분만실을 나오니 친정어머니가 잔뜩 화난 눈으로 나를 응시하고 있었다. 잘난 기집애를 둘씩이나 연거푸 낳았냐, 사돈댁 얼굴을 어찌 보라느냐.

아들을 선호하는 엄마의 마음을 모르는 바 아니었지만 딸이 겪은 출산의 고통은 무시하고 그런 말을 하니 좀 섭섭했다. 엄마는 병원에 있는 2박 3일 동안을 내내 딸을 낳은 나를 구박하였지만 나는 차라리 무감각해지기로 했다. 몸이 좀 추슬러지자 운동을 하기 위해 병실을 나왔다. 그런데 어디선가 귀에 익은 목소리가 들려왔다, 소리를 찾아가니 우리 엄마가 공중전화로 전화를 하고 있었다.

"사돈댁요, 어찌합니까. 지 딸이 또 기집애를 낳았습니다. 죄송합니데이"

엄마는 수화기 속 사돈댁에게 허리를 연신 굽신거리며 머리를 꾸벅꾸벅 조아렸다. 우스꽝스러운 광경에 어이가 없었지만 화는 나지 않았다. 엄마에게 딸은 죄인이었으니까.

아들이 없었던 외할아버지의 화풀이를 고스란히 받고 자라난 우리 엄마, 외할머니는 네 번째 딸을 낳고는 골방으로 쫓겨나 사흘 만에 갓 낳은 딸을 데리고 하늘나라로 가셨고 새 부인을 들여도 역시 딸만 몇 낳았고 또다시 들인 부인은 자신이 낳은 두 딸을 데리고 와서는 다시는 딸도 하나 낳지 않았다. 몇 명의 딸들은 숨소리도 내지 못하고 살다가 일찍 시집들을 갔다. 엄마 역시 열여덟에 시집을 왔는데 외할아버지는 새어머니가 낳은 일곱 살 동생을 시집가는 엄마에 딸려 보냈다. 이모는 열다섯까지 조카인 우리들을 봐 주다가 서울로 돈을 벌러 갔다.

엄마는 오빠와 나를 낳고, 남동생 둘을 후다닥 낳아 놓고서야 안심이 되었다고 한다. 아들이 왜 있어야 하는지에 대한 물음은 어리석은 질문일지도 모른다. 엄마에게서 아들이란 삶의 전부였던 셈이다. 그 아들이 엄마에게 어떤 역할을 하느냐는 것은 전혀 문제가 되지 않는다. 자신은 딸을 하나밖에 안 낳았는데 그 딸이 딸을 연년생으로 낳자 그 상실감이 얼마나 컸을지 짐작이 가므로 나는 굳이 엄마의 행동을 탓하거나 원망하지는 않았다. 그 상실감이란 당시 둘 이상을 안 낳는 추세를 보며 앞으로도 딸과 사위가 아들이 없을지도 모른다는 우려 때문이라는 내심도 이미 나는 간파한 터였다.

퇴원을 하여 집에 왔다. 엄마는 미역국을 끓여 한 양푼 퍼 내밀고는 짐을 챙겨 문을 나서며 사위를 향해 한마디를 했다.

"여보게, 나는 가네. 그리고 야는 끝순이라고 부르게."

엄마는 그 잘난 딸을 줄줄이 낳은 여식에게 몸조리를 길게 해주는 것은 안사돈 보기에 민망한 일이라고 사돈댁한테 전화를 한 후 집으로 갔다. 우리 엄마는 과연 머리가 좋았다. 이후 당신의 딸은 버선발로 뛰어오신 시어머니에게서 지극정성 몸조리를 받았으니까. 후에 엄마한테 들은 이야기지만 딸 낳은 설움을 당해야 다음에 아들을 낳는다는 속설이 있다고 한다.

첫째와 마찬가지로 아버님이 이름을 지어 오셨다. 미정(美正), 예쁘고 바르게 크라고 아버님은 한지(漢紙)에 한자(漢字)로 써 온 이름을 아기 머리맡에 두시며 사랑 가득한 눈빛으로 손녀를 어르셨다.

아들딸 아홉을 두신 아버님은 손수 자식들 이름을 지으셨고 아들의 자식들에게 역시 그러셨다. '하늘'이니 '샛별'이니 이렇게 예쁜 이름을 아이 엄마가 짓고 싶어도 아버님의 아들들이 꿈쩍도 않는다. 팥으로 메주를 쑨다고 해도 예! 하고 팥을 대령할 아들들이니까.

한동안 미정이에게 정이 가지 않았다. 반드시 딸이어서는 아니었는데 친정엄마의 영향이었을까 우울감도 한몫했다고 생각한다. 게다가 처음 태어났을 때 미정이는 원시인과 닮아 있었다. 한국 역사를 처음 공부할 때 나오는 크로마뇽인과 흡사했고 거기에 온몸에 털까지 완벽하게 덮여 있었다. 하물며 얼굴까지. 얘는 누굴 닮은 걸까? 엄마인 내가 털이 많으니 나를 닮은 것 같긴 한데 이 정도는 아니다. 얼굴 생김은 도대체 누구도 닮지 않았다.

그러던 미정이가 일주일이 되니 거짓말처럼 얼굴이 바뀌었다. 울퉁불퉁하던 얼굴이 동그래지면서 인간의 얼굴이 되었다. 그리고는 한없이 사랑스러워졌다. 일주일 동안 정을 주지 않았던 것이 미안해지면서 그때부터 예뻐했던 것 같다.

친정엄마는 하루에도 몇 번씩 전화를 하셔서는 끝순이가 잘 자는지를 묻고 곁들여 '끝순이'라는 별명을 부르고 있는지를 확인했다. 셋째는 꼭 아들을 낳으라는 당부를 빠뜨리지 않으면서 말이다. 남편은 장모 전화를 받으면서 대답만 네네 하기가 미안했는지 미정이를 '끝순이'라 부르기 시작했다. 내가 퉁을 주었지만 아랑곳하지 않았고 이제 서른이 된 미정이를 아직도 끝순이라 부른다.

외할머니는 미정이를 예뻐하지 않았다. 아이를 보고는 "고추만 달고 나오지!" 하고 혓바닥이 갈라질까 무섭게 혀를 차곤 했다. 그런 엄마를 보다가 발견한 것이 있다. 엄마는 방글방글 웃는 미정이를 향해 본능적으로 살인미소를 짓다가도 어느 순간 얼굴 표정이 싸늘하게 바뀌며 애를 밀어낸다. 이런 일이 자라면서도 되풀이 되니 미정이는 "나는 외할머니가 좋은데 할머니는 나를 싫어해. 언니만 좋아해." 하고 입을 삐죽 내밀다가 서럽게 울음을 터트리곤 했다.

끝순이는 아이 셋 중에 가장 인물이 좋다. 태몽도 생생한, 탐스럽고 황홀한 '목련꽃 봉오리'였다. 우리 끝순이는 별명 덕분에(?) 초등학교 3학년 때 그토록 외할머니가 원하던 남동생을 보았다. 아이러니한 것은 외손자가 태어나자 우리 엄마 비로소 미정이를 온전히 예뻐하기 시작한 것이다. '터를 잘 팔았기 때문에' 남동생을 보았다고 서른이 된 아이를 아직도 이리 쓰다듬고 저리 쓰다듬는다.

친정엄마는 지금도 끝순이 안부를 먼저 묻는다. 그토록 고대하던 손자보다 끝순이를 더 찾는 걸 보면서, 엄마의 마음속이 어떻게 생겼는지 딸인 나는 도대체 가늠을 할 수 없다.

복채卜債

앞이 잘 보이지 않아, 안경을 고쳐 써도 마찬가지라 남의 앞을 유독 잘 본다는 사람이 있다고 하여 찾아갔다. 큰아이가 고3이 되었을 때 처음으로 주위 엄마들과 떼로 몰려갔던 이후로 한 해에 한 번꼴로 찾아가는데 보통은 이름이 '철학관'이었다. 그런데 지금 추천받은 곳은 '00보살'이다. 보살이란 사전에 찾아보니 불교 용어로 '깨달음을 구해서 수도하는 중생, 구도자, 지혜를 가진 자'라고 나와 있다. 사전의 의미대로는 아니더라도 확실히 지금의 내 앞을 안내할 것이라는 믿음이 있었고 여기에 추천한 사람이, 남편 등에 있는 손바닥만한 점까지 알아맞혔다는 것에 확신을 얻었다. 길치인 나는 00보살이 산다는 집 주소를 듣는 것으로 부족하여 메모까지 해 두었다가 몇 개월이 지난 후에야 찾아가게 되었다.

꼬불꼬불 시골길을 돌아가다 보니 추천인이 말해 준 대나무 깃발이 보였다. 조심스레 골목을 들어가니 말대로 녹슨 철대문이 나왔다. 잡초 무성한 마당에 널어놓은 펑퍼짐한 빨래들이 앞다투어 펄럭이며 주인의 체격을 말해 주고 있었다. “계십니까?”를 열 번 정도 외친 후에야 인기척이 났다. ‘아이고’를 반복하는 소리로는 몸이 많이 불편한 듯했다. 아니나 다를까 처음 가는 객에게 좀 일으켜달라고 하는 보살님은 허리, 다리 모두 안 좋으시고 비대하여 거동이 힘들었다.

‘아, 잘못 왔구나! 돌아가나 어쩌나’, 머릿속에서 주판알을 굴리고 있는데 점쟁이는 점쟁인가 보다. 서 있지만 말고 얼른 들어와서 여기 있는 물을 버리고 그릇을 씻어 다시 물을 떠 상 위에 올려놓고 자리에 앉으라고 했다. 어이가 없다, 있다를 생각할 겨를도 없이 나는 어느새 명령에 따르고 있었다. 허리에 건강 보조 벨트를 차고는 신을 모시는 상에 향을 피웠다. 오색의 목걸이를 걸고 휘파람을 불더니 상 위에 복채를 놓으라고 했다. 나는 봉투에 3만 원을 넣어왔기에 봉투째로 드렸더니 보살님이 돈을 꺼내서 상 위에 올렸다. 추천인은 2만 원을 냈다 했지만, 철학관에서는 두어 해 전부터 5만 원을 냈기에 봉투에 3만 원을 넣었는데, 좀 미안하고 부끄러운 마음이 들어 잠깐 고민하다가 2만 원을 더 꺼내 상 위에 올렸다. 사실 그렇게 하면 조금 더 잘 봐주지 않을까 하는 마음이 없었던 것도 아니었다.

“대주 성 씨가 뭐래?”
“심 가요.”
“어마이 성 씨는?”
“유 가요.”

"시부모가 두 분 다 안 계시네?"

"한 분은 계시는데요?"

"아, 어머이가 빨리 돌아가셨구나?"

"아버님이 돌아가셨는데요."

"아, 왜 그렇게 젊은 나이에 빨리 가셨나?"

"85세에 가셨는데요."

"아, 친정 부모도 한 분만 계시네?"

"두 분 다 계시는데요"

"아, 그래…. 몸이 많이 안 좋으시네?"

"아직은 별 탈 없는데요"

"아, 그래…. 부모가 건강하면 좋지"

"큰아는 시집 갔나?"

"큰딸, 작은딸 다 서른이 넘었는데 언제 시집가나 궁금해서요…."

"남자친구는 있나?"

"큰아이는 없어요, 남자를 벌레 보듯 한다니까요. 둘째아이는 있는데…, 사실은 둘째 때문에 왔어요. 인연인가 아닌가 좀 알 수 있을까 하고요."

처음부터 하는 말 모두 반반의 확률조차 맞히지 못한 보살님에게 실망과 함께 2만 원을 더 올린 내 손을 원망한 것도 잠시 나도 모르게 속을 끓이고 있던 둘째딸 이야기를 주저리주저리 하기 시작했다.

"제가 낳은 아이답지 않게 인물도 잘났답니다. 키도 크고 늘씬해요. 서울에서…. "

얘기를 시작하는데 눈물이 났다. 그리고 내가 아는 딸아이의 남자친구에 대한 모든 것을 '깨달음을 얻었기를 바라는 보살님'에게 모두 고했다.

"세상에 그렇게 혼자 약은 체하던 제 딸년이 글쎄 지 남자친구가 효자라고 기특해하더라고요. 답답해서 한마디 했더니 '쌩'하지 뭐예요. 답답해 죽겠어요."

보살님은 나를 한동안 바라보더니 내 손을 넌지시 잡고는 이야기를 시작했다.

"에미야, 사람만 착하면 된다. 저들만 좋다면 되지. 저들 갈라놓으면 그 원망 평생 들을 텐데, 또 딸이 다른 데 시집가서 살다가 싸울 때도 있는데 그때마다 반대한 엄마가 원망스러울 것이고 별일 아닌 일로 안 산다 할 수도 있는데 그때 에미가 후회해 봐야 늦어. 에미는 신랑과 안 싸우나. 싸우지만 이혼할 생각은 안 하잖아. 하지만 재들은 다르다. 싸울 때마다 옛사람이 그립다 보니 이혼이 쉬운 거야. 옛사람하고 결혼해도 똑같이 싸우면서 살면서도 말이야. 사람 다 거기가 거기야. 둘만 잘 맞으면 되지. 혹시 나중에 저들이 헤어지거나 결혼해서 이혼을 한다 해도 저들도 에미도 후회나 미련이 없지. 그러면 되는 거야. 사람 사는 일 억지로 하지 말고 물처럼 이치대로 흐르면 된다."

보살님은 내 어깨까지 토닥여 주었다. 잠시 잊고 있었던 복채가 또 생각났다. 좀 참았다가 결과를 보고 더 내든지 두든지 했으면 될 걸, 저 할머니 연배의 어떤 분에게 내가 똑같은 하소연을 하더라도 결과는 마찬가지였을 것이라고 생각하니 나중에 얹은 2만 원이 더욱 아까웠다.

다시 마당의 무성한 풀을 밟고, 바람에 나부끼는 빨래를 뒤로 하고 녹슨 대문을 나섰다. 생각 없이 문을 닫으니 삐걱 소리를 내며 한 덩어리의 녹가루가 쏟아졌다. 아무도 보살님을 지켜주는 '신'의 집을 기웃거리지는 못하나 보다. 보살님은 '신'이 보우하사 문을 걸 필요도 닫을 필요도 없는지, 애초 열린 채였는데 내가 힘을 주어 닫는 바람에 쌓여 있던 녹가루 뭉텅이가 떨어진 듯했다.

점은 상담의 일종이라고 한다. 앞이 잘 보이지 않아 답답한 마음에서 찾는 곳이 점집이다. 어떤 길을 안내받는 것은 아닌데도 점집을 나설 때는 시원한 마음이 들고 당분간은 그 부분에 대해 고민을 내려놓기도 한다는 점에서는 확실히 상담 효과가 있는 것 같다. 이번 점집 경험은 고민을 내려놓기에는 어떤 실마리도 없지만 나보다 오래 산 사람에게서 얻은 지혜가 있었다는 면에서 인생 공부를 한 것으로 퉁 치기로 했다. 내 가족이나 친구들에게 내 딸의 이성 문제에 대해 상담을 요청한다면 내가 생각하는 것과 별반 다르지 않다. 오히려 '그 애가 어떤 앤데….'라며 분노하기도 한다. 내 주위 누구도 OO보살 같은 이야기는 해주지 않는다.

그런데 길 가던 노인들이 남의 일에나 내뱉을 얘기들과 결코 다르지 않을 보살님의 평범한 말들이, 그의 대문을 나선 지 두어 달이 지난 지금 나 자신을 다스리고 있다. 보통 철학관에서는 생년월일시(生年月日

時)인 사주팔자(四柱八字)를 풀이한다. 그리고 그것은 어떤 공식이기 때문에 어디나 거의 같다. 공식에 풀어내는 사람의 추임새가 조금씩 다를 뿐이다. 풀어주는 사주는 경험에서 나온 통계이다 보니 운명이라는 말도 틀린 것은 아닐 것이다. 사주팔자를 부정하지는 않더라도 맹신한다면 그 사람의 운명은 오히려 암울할 것이다. '운명은 개척하는 자의 몫이다'라는 말처럼 내 운명이 마음에 들지 않는다면 스스로 개척하는 삶의 자세가 현명할 것이다.

평소 뉴스 앵커나 일기를 예보하는 리포터를 보면서 가끔 "우리 끝순이도 차려놓으면 저보다 낫다."라고 딸을 대견해하던 남편도 남자친구를 본 후로는 말수가 줄었지만, 이 문제에 대해 부부가 따로 얘기하지는 않았다. 혼자 속을 끓이다 스스로를 위로하기를 반복하다가 연말에 아이들이 있는 서울에서 딸아이 남자친구 아버지를 만났다. 많은 대화 속에 그 아버지의 "미정이가 눈에 콩깍지가 씐 것 같습니다."라는 말씀에 나도 모르게 눈물이 왈칵 쏟아졌다.

이것이 딸아이의 운명인지 아닌지, 또한 다른 운명을 미정이는 이렇게 개척하는 것인지도 모른다. 나 역시 결혼할 때 지금의 시부모님이 나를 어떻게 생각했는지 모른다. 제 자식은 눈이 뒤통수에 달려도 미남미녀로 보이고 고슴도치도 제 새끼 털은 부드럽다고 말하듯이 나의 친정엄마도 첫인상의 사위에게는 그리 후한 점수를 주지 않았으니….

깨달음을 구해서 수도하는 중생, 지혜를 구하는 자 '보살님'이 말한 '물 흐르듯' 산다는 것을 자신할 수는 없다. 하지만 성인이 되어 결혼을 하려는 자식에게 달라붙어 있는 나의 집착을 조금씩 뜯어내는 연습을 하는 것으로 한 걸음씩 다가가려 한다.

복만두 변천사

올해도 복만두를 만들었다. 우리 가족은 설 전날 만둣국 제사를 지낸다. 말 그대로 만두를 넣은 떡국을 끓여 조상님들께 드리는 것이다. 복만두를 만드는 일은 며느리들의 몫인데 아이들은 덩달아 신이나 밀가루 반죽을 뜯어 놀곤 했다. 복만두는 내가 시집을 오고 난 후 만들기 시작했다. 셋째며느리인 내가 왔을 때는 위로 형님이 두 분 계셨는데 모두 말이 없고 조용히 음식만 하는 분들이어서 좀 동적인 변화를 주고 싶어 옛날부터 내려오던 복만두 풍습을 제안하게 되었다.

복만두는 온 가족의 복(福)을 한데 모아 가족 중 대표로 한 사람이 한 해의 행운을 크게 누리라는 축원을 담아 만든다. 큰 피(皮) 안에 가족의 수대로 새끼 만두를 만들어 소로 넣는다. 5년 전에 형님의 손주가 태어난 후로 올해까지 새끼 만두는 스물다섯인데 그 크기가 다른 만두의 배가 되었다. 맛도 없는 밀가루 덩이지만 맛보다는 누구의 그릇에 담겨있느냐가 중요하다. 자신의 만둣국에서 복만두를 발견한 사람은 그 어떤 음식보다 맛있고 정성스럽게 먹었다.

지금의 복만두로 정착되기까지는 시행착오가 많았다. 시행 초기에는 삶는 과정에서 깨져버리는 일이 발생했다. 끝내 찾지 못하여 복이 모두에게 골고루 나누어졌다는 위로를 받는 것으로 끝났지만 아쉬움이 남았다. 그리하여 며느리들이 머리를 맞댄 결과 돈을 넣게 되었다. 1만 원짜리 지폐를 랩에 몇 겹 싸서 새끼 만두와 함께 넣으면 만두가 깨어지더라도 돈은 남아 있기 때문이다. 게다가 랩에 잘 싼 돈은 젖지 않는다. 그리고 복만두는 거저 먹는다면 효과가 없을 것 같다는 주최측의 판단에 따라 열 배의 가격으로 복만두 값을 받았다. 이후 시장 물가를 감안하여 1만 원짜리는 5만 원짜리로 바뀌었지만 누구라도 복만두를 먹기만 하면 흔쾌히 복만둣값을 냈고 며느리들은 복만두 판 값을 들고 설거지를 끝내고 외출을 했다.

처음 몇 년간 복만두는 시아버님과 시어머님, 큰아주버님, 둘째아주버님 중에서만 드셨다. 이유는 만둣국 제사를 조상님 네 분께 지낸 후 윗분들 순서로 제기에 담긴 만둣국을 드시기 때문이다. 신기하게도 어머님은 지금까지 한 번도 드신 적이 없는데 지금 생각해도 어머님의 간절한 마음이셨을 것이다. 남편이, 자식들이 먹고 승승장구, 탄탄대로의 인생을 헤쳐나가라는.

이런 일도 있었다. 복만두가 외관상 드러나다 보니 처음 삶을 때 제상에 놓을 수밖에 없다. 조상님들께 복을 먼저 드리는 게 후손의 예이기 때문이다. 하지만 이것은 공평하지 않으며 조상님들도 후손 대대로 복을 주고 싶을 거라는 생각으로 다른 방법을 구사하게 되었다. 바로 제사를 지낸 후 복만두가 담긴 그릇을 다시 냄비에 부어 섞어서 뜨는 것이다. 그런데 이 과정에서 만두가 대부분 깨졌기 때문에 열심히 만두를 만든 공(功)도 간데없고 맛있는 만둣국도 실패였다.

하지만 열악한 여건 중에서도 복만두가 건재하는 일이 발생했으니 바로 9남매의 8번인 막내시동생이 복만두를 먹고 장가를 가게 된 것이다. 막내시동생은 그날 친구들 모임에 가느라 만둣국 제사를 지낼 때도, 저녁 식사를 할 때까지도 들어오지 않았다. 저녁 식사에서 복만두를 찾지 못해 복만두가 깨져버렸다고 생각하여 포기한 채 내년엔 꼭 잘 만들자고 며느리들은 안방에 누워 서로의 얼굴에 팩을 붙여 주며 다짐했다. 그런데 마침 늦게 들어온 시동생이 '만둣국을 먹고 싶다'고 하여 붇고 터져 형체도 없는 만둣국 한 그릇을 떠 주었는데 세상에, 그 안에 밀가루 덩이 복만두가 있었던 것이다. 지금도 막내동서는 자신을 만나기 위해 신랑이 복만두를 먹었다고 목에 힘을 준다.

복만두의 취지도 살리면서 깨지지 않은 만둣국을 먹는 방법은 없을까를 고심한 끝에 의견을 모았는데 바로 지금까지 사용하는 방법으로 가짜 복만두를 많이 만드는 것이다. 복만두와 크기가 같은 만두를 가족수대로 만들면 삶을 때 냄비에 넣는 사람조차 모르므로 양심의 가책을 느끼지 않아도 된다. 실제 이것은 효과가 있었다. 가족들은 모두 하나씩 복만두 크기의 만두가 있으므로 다른 누가 복만두를 발견했다고 환호를 하기 전까지는 자신의 그릇에 든 큰 만두가 혹시 기(其)일지 모른다는 기대가 있다. 또한 한 그릇을 먹었을 때까지 복만두가 나오지 않아 만두를 좋아하지 않음에도 한 그릇이나 더 이상을 먹다가 발견하기도 한다. 이런 변천사를 거치는 과정에서 비로소 아홉째인 막내시누이가 복만두를 먹고 시집을 갔다.

이렇듯 복만두를 먹은 이들은 하나같이 그해 운수가 좋았다. 아버님이 병환 중이었을 때 복만두를 드신 적이 있는데, 가족 모두 손바닥이 아프도록 박수를 쳐 드렸고 아버님은 기분이 좋으셔서 며느리들에게 복만두 빚느라 고생했다며 금일봉을 하사하시기도 했다. 과연 아버님은 건강을 회복하셨고 그때부터 복만두의 영험함을 믿어 우리 대가족은 복만두에 목을 매기 시작했다. 설날 모이는 가족 구성원들은 매 설날 만두를 빚으며 '이번에는 내 남편이, 내 자식이 먹었으면 좋겠다'는 구체적인 소망을 가지며 경쟁률을 계산하기도 했다.

아버님의 건강이 회복된 것을 시작으로 아버님의 아들들은 회사에서 승진을 했고 사업을 하는 아들들이 먹었을 때는 규모 있는 입찰이 성사가 되었다. 또 손주들이 먹고는 어려운 시험에 통과하기도 했다. 올해는 사업을 하는 바로 아래 서방님이 먹었다. 며칠 전 어머니를 뵈러 와서 '복만두를 먹은 덕에 그토록 안 풀리던 일이 풀렸으며 일이 많이 들어온다'며 싱글벙글했다. 그리고는 지갑 속에 모셔 두었던 복만두 속 지폐를 꺼내 뽀뽀를 한 후 신주단지 모시듯 다시 넣었다. 지폐는 일년 동안 주인의 운(運)을 좋게 해주는 신령한 힘으로 작용할 것이다.

좀 서운하다면 수십 년째 복만두를 만드는 며느리들은 아직 한 사람도 먹지 못했다는 것이다. 며느리들 역시 어머님과 같은 마음으로 나보다는 내 남편이, 내 아이들이 먹고 세상에 우뚝 섰으면 좋겠다는 바람이 더 클 것이다.

요즘 아무리 주위를 둘러보아도 복만두를 만드는 집안을 찾을 수 없다. 분명 예부터 내려오는 풍습이라고 했는데도 말이다. 실제 강원도 영동지방에서만 설 전날 만둣국 제사를 지낸다고 하기도 하고 세대를 거듭할수록 가정의례가 간소화되어 전통을 고수한다는 것 자체가 구시대라는 평을 듣기도 한다. 물론 명절이나 가족의 행사에 대가족이 모이는 우리 집안이 전통을 지키는 자부심이 있다는 것은 아니다. 오히려 반대로 전자의 의견에 동의할 때가 더 많다. 명절에는 그나마 결혼한 딸들 가족이 빠지지만 그 외의 행사에는 네 딸들 가족에 어머니의 증손주들까지 모여 요즘에는 가히 보기 드문 가족 수(數)가 된다. 많은 가족이 모이다 보니 때마다 부엌을 벗어나지 못하는 며느리들은 새로운 시대의 구성원으로 살면서도 의례적인 전통은 고수하라는 벽에 부딪치면 화도 난다.

하지만 세상을 바꾸는 것은 사람이다. 복만두가 지폐의 규모만 바뀐 것이 아닌 것처럼, 슬기와 지혜로 화를 다스릴 줄 아는 능력이 우리 집안의 며느리들에겐 있다고 자부한다. 복만두의 변천에 기여를 하여 모든 가족에게 기회가 생겼고, 복만두를 팔아 스스로 명절증후군을 날려버린 것도 모두 며느리들의 지혜에서 비롯된 것이다. 이제는 이 집안 남자들이 전혀 바꿀 의지가 없어 보이는 좀 더 크지만 현실적인 의례를 바꾸는 일에 도전해 볼까 한다. 세상의 모든 것은 움직이고 변화한다. 하물며 인간이 만들어 낸 '문화'야 말해서 무엇하리.

기억의 편린片鱗

동창회를 한다고 연락이 왔다. 여느 때처럼 너희끼리 재미있게 놀라고 답장을 했다. 이제는 좀 나오라고, 우리도 이제 나이를 먹어 간다고, 친구가 그립지 않으냐고 한다.

그래, 어릴 적 친구들이 있었지. 그러고 보니 초등학교 때 친구는 연락을 하고 지내는 이가 단 한 명도 없구나. 스무 명 남짓 졸업한 시골 학교, 전교생 대부분이 산 너머 산에 살고 있었지. 딱 한 아이, 학교 관사에 사는 교감선생님의 아들 성일이만 빼고.

내가 태어나 자랐으며 학창시절을 보낸 곳이지만 언급하기를 꺼리는 곳 심포리! 거기에, 언제나 그 자리엔 엄마가, 유순이가, K 교감선생님(이하 K)이 있다.

우리 집은 산꼭대기에 있어 한 시간을 걸어야 초등학교에 도착하고 학교가 끝나면 또 그만큼 걸어서 재를 올라야 갈 수 있는 곳이었다. 읍내에 있는 중고등학교를 다닐 때는 초등학교쯤에서 버스를 타야 했으니, 나의 학창 시절은 해뜨기 전에 집에서 나와 한밤중에 귀가했던 기억이 대부분이다. 막차를 타고 버스에서 내리면 보자기를 든 엄마가 우리를 기다린다. 엄마는 보자기를 펴 오빠와 나, 동생의 가방을 싸서 머리에 이고 우리 뒤를 따른다. 하루종일 농사일을 하고 허리도 펼 새 없이 당신보다 힘 좋은 아들딸의 무거운 가방을 모아 머리에 이고는, 읍내로 자식들을 학교 보내는 엄마만이 느낄 수 있는 뿌듯함으로 아들딸의 뒤를 따라 재를 올랐다. 오빠가 고집을 부리고 가방을 들고 달아난 날은 엄마는 심하게 화를 내었다. 편평한 엄마의 정수리는 평생을 집채만 한 짐을 이고 재를 오르내린 흔적이다. 농사지은 곡식을 내다 팔아 4남매를 공부시켜야 했으며 잡곡밥을 싫어하는 아들들을 위해 하얀 쌀을 이고 올라야 했으니까.

요즘 엄마는 다리도 아프고 허리도 아파 빨리 죽었으면 좋겠다고 노래를 한다. 하지만 밤이 되면 문단속하는 데만도 상당 시간 걸리는 걸 보면 진심은 아닌 듯하다. 이제는 귀가 멀어 당신이 하는 전화에 '응'밖에 할 수가 없는 딸은 또 우울하다.

"애비 일 갔나?"

"응"

"밥 먹었나?"

"응"

"서울에 애들 다 잘 있나?"

"응"

"그래, 차 조심히 다니고 일 갔다 온나."

"응, 엄마…."

모녀간의 따뜻한 대화는 해 본 지가 오래다. 엄마의 하나뿐인 딸, 그 딸의 역시 하나뿐인 엄마가 좋아하는 외손자가 송파구 탁구대회에서 1등을 했다는 얘기를 하기 위해서는 싸움하듯 고래고래 소리를 질러야 한다. 엄마는 자신의 바람을 전화기에 대고 말한다. 내가 '응'이 아니라 '아니'라고 대답해도 엄마는 찰떡같이 '응'이라고 알아듣고 다음 질문을 한다. 그래서 아침마다 하는 엄마의 전화는 엄마와 나의 무사한 하루를 위한 주문인 셈이다.

유순이는 3학년 때 전학을 왔다. 나이가 많았으며 체격이 또래보다 컸고 집이 특히 더 가난했다. 늘 유순이는 굶고 다녀 얼굴이 부어 있었고 입술에서 항상 피가 났다. 나는 엄마가 언제나 도시락을 꾹꾹 눌러 밥을 많이 싸 주었는데 유순이가 항상 내가 밥 먹는 것을 쳐다보고 있었던 기억이 있다. 유순이가 하루는 내게 제안을 했다. '자야(별사탕이 든 과자)'를 사 줄테니 밥을 좀 줄 수 있느냐는 것이다. 그러자고 대답을 하고 자야를 맛있게 얻어먹었다.

그런데 하필 그날 단축수업을 하고 점심을 먹지 않고 집으로 돌아가라는 것이다. 잠깐 망설였다. 약속은 약속이니까 유순이에게 도시락을 주어야 한다, 아니야 점심시간 전이니까 그럴 필요 없어. 자신 안에서 다투던 자아는 결국 송아지처럼 슬픈 눈의 유순이를 외면하고 말았다. 다음 날 유순이가, 또는 내가 유순이에게 어떤 행동을 했는지 안 했는지는 기억에 없다. 단지 분명한 것은 얼마 후 유순이가 학교를 그만두고 이사를 갔을 때부터 나는 가슴 위에 큰 돌이 올려진 채 지금까지 살고 있다는 것이다.

몇 해 전 우연히 본 TV 뉴스에서 인터뷰하는 여성의 이름이 '김유순'이었다. 얼굴을 뚫어져라 보았더니 그 옛날 유순이를 닮았다. 큰 눈의 김유순 씨는 과거의 유순이에서 환골탈태(換骨奪胎)한 듯 보였다. 기(其)든 미(未)든 진심으로 유순이가 TV 속 여인이거나, 부유한 사모님이 되어 있거나 둘 다이기를 바랐다. 그래서 유순이의 마음속 깊은 곳에 상처로 남아 있던 어린 시절의 가난이 치유되었기를, 아울러 철없던 친구의 가슴 위 바윗덩이도 내려 주기를 바란다면 나는 너무 뻔뻔한가.

K는 당시를 나와 같은 초등학교에 다녔던 사람이라면 대부분 우울한 기억으로 남아 있을 것이다. 이유도 없고 또 이유를 알지 못한 채 시도 때도 없이 무지막지한 폭력에 노출되었던 백여 명의 전교생들, 겨울에도 운동장에서 전교생의 옷을 벗기고 손수 속옷을 헤집으며(여학생도 예외가 아니었다) 용의 검사를 하고 통과하지 못하면 운동장을 돌고 수돗가에서 씻은 후 언 몸으로 교실로 들어와야 했다. 추운 산골에 살며 제대로 씻지를 못하는 대부분의 아이들, 그중에 하나였을 나는 비참한 그 광경이 떠오르면 몸서리부터 쳐진다. 손길을 피해 몸을 움츠리는 여자아이들은 사정없는 폭력이 따랐다.

또 어떠한 이유로든 남자아이들은 몸을 내주어 맞으면 되지만 여자아이들은 수치스러움에 늘 직면해야 했다. 장난을 쳤다는 이유, 웃었다는 이유, 부르는데 제때 오지 않았다는 이유는 그래도 구실이 된다 해도, 방과 후 교실에 앉아서 이야기를 나누던 아이들까지 영문도 모른 채 교무실로 잡혀갔다. K는 웃통을 벗게 했고 이제 막 망울이 생기기 시작하여 스치기만 해도 눈물이 날만큼 아픈 젖가슴을 비틀었다. 교대를 졸업하고 처음 부임을 해 온 남자 선생이 화들짝 놀라 엎어지며 자빠지며 교무실 밖으로 나가던 기억이 서글프다.

상급학교를 다니고 사회생활을 하고 평범한 생을 살지만 문득문득 그때가 떠오른다. 학교 관사의 K 교감 댁에서 밤새 무슨 일이 있었는지 퍽 자주 사모님의 눈이 판다곰이 되어 있었다는 기억과 함께…. 건망증인지 치매인지 잘도 잊어버리면서 왜 그때의 기억은 더욱더 또렷해지는지 모르겠다. 아마 그 총각 선생님도 평생 트라우마로 남아 있을 것 같아 내 마음이 아픈데, 이것은 또 쓸데없는 오지랖인가.

K에 대해서는 아주 오래전 인근 학교 교장선생님이 되었으며 집안이 흉해졌다는 이야기를 바람결에 전해 들을 수 있었는데 이젠 그마저도 알 수 없다. 찾아가고 싶었다. 찾아가서 선생님이 한 일은 지탄받을 일이었음을 말하고 싶었다. 그러나 못 했다. K를 떠올리는 순간 나는 당시의 5,6학년에서 벗어날 수가 없었다. 당시 부모님한테 얘기하는 게 옳았을까, 가끔 생각해 보지만 산골에서 농사만 짓는 부모님이 가슴 아파하는 것 말고는 무얼 더 할 수 있었을까 싶다.

고향이 우울한 것만은 아니다. 어린 시절의 산속, 지금처럼 가을이면 우리 집을 둘러싼 모든 산은 온통 붉은 단풍이었다. 미사여구가 필요 없는 불붙은 산, 그렇게 붉었다. 또한 매일 밤 산을 넘어 집에 가며 올려다

본 하늘에 반짝이는 무수한 별들의 이야기 소리. 뿐만이 아니다. 아름다운 미인폭포도 있다. 고등학교를 졸업할 때까지도 소풍의 단골 장소였던 미인폭포, 아리따운 미인이 사랑하는 임의 변심에 뛰어내렸다는 애잔한 전설에 가슴 아파하며 놀러도 자주 갔는데…. 이들 모두는 사진을 찍은 듯 뇌리에 있는데 왜 아름다움으로 기억되지 않는지.

엄마처럼 나도 나이가 들어가나 보다. 어린 나이에 시집와서 고생뿐인 젊은 날을 살아왔으면서도 '그래도 그때가 좋았다'고 독백처럼 되뇌는 엄마처럼, 이제 와 나도 그 시절이 그리워지려고 한다. 다만, 안 좋은 기억은 진작 버리고 좋은 그것만 간직할걸….

어느 누구에게도 입을 열지 않았던 무거운 어린 날의 이야기, 편린일지언정 내려놓으니 이리도 마음이 편한 것을.

'문화'라는 이름으로

"한국에서는 제사를 지낼 때 왜 음식을 많이 만들어요? 절은 왜 남자만 해요? 그리고 왜 밤 12시에 지내요?"

언젠가 한국어를 공부하는 결혼이주여성인 N이 했던 질문이다. 요즘은 제사를 당일 초저녁에 지내는 집이 많은데 N은 아마도 나와 비슷한 집으로 결혼을 해 왔나 보다. 결혼한 후 제사를 지내본 경험을 질문하는 학생들에게 '한국의 문화'라서 그렇다는 말보다 더 쉬운 대답이 없다. 그러면 새댁들은 "네…"라며 뭔가 개운치는 않지만 수긍한다는 뜻으로 고개를 끄덕인다. 때로는 장황한 대답보다 짧은 대답이 더 많은 의미를 내포하기도 하지만 난감한 대답을 피할 방법이기도 하다. 이들이 듣고 싶은 대답이 아니라는 것을 알면서도 이렇게밖에 대답을 하지 않는 나를 이해할 날이 그리 멀지는 않을 것이다. 그런데 N의 질문이 왜 내 시할아버지 제삿날인 오늘 생각났을까.

제사는 중국의 공자보다도 한참이나 이전인 은나라(기원전 1600년경~1046년경) 때부터 시작되었다고 한다. 처음에는 천제에 제사를 드리던 것이 왕의 조상 제사로 발전되고 유교 사상이 정립되면서 그 기틀이 잡혀 주나라 때에 와서 성행되었다. 당시에는 지금처럼 죽은 자를 위한 제사가 아니고 살아계신 부모를 높은 곳에 앉히고 제사 형식의 예를 올렸다고 하는데 아마도 요즘 환갑이나 칠순 잔치에서 도포를 입고 부모님께 예를 올리는 것과 일맥상통하는 듯하다. 그것도 모든 백성이 아닌 황실에서만 적용되었는데 제사를 잘 지내야만 후손이 잘 된다는 의식으로 전환하여 죽은 부모에까지 발전된 것이다.

우리나라는 고려 말에 최초로 소수의 귀족 계층에게 특권의식으로 제사를 지내다가 유교를 국교로 삼은 조선의 태조 이성계에 의해 도입되었다. 당시 고려는 불교가 타락하여 백성을 착취했던 종교가 되었으므로 정치적인 목적에 의해 개혁을 위한 조선 건국 이념의 빌미가 되었고 조선 건국 국정지표로 삼은 것이 부모를 섬기는 '효(孝)' 문화였다. '효'는 이성계가 흉흉한 민심을 잡기 위한 방책이었고 여기에 중국 유교의 제사 문화가 접목되어 민간에 널리 장려되면서 오늘날에 이르게 되었다고 한다. 그러므로 우리 고유의 전통문화라고 알고 있는 제사는 중국으로부터 수입된 것이다.

제사를 들여오던 초기에는 깨끗한 물(정한수) 한 잔을 떠 놓고 기도·기원하는 제사를 지내다가, 물 대신 차를 놓다가, 농사가 정착되면서 제사에 음식을 놓기 시작했다. 고려시대, 조선 초기까지는 이런 풍습이 많이 남아 있었는데 조선 중기부터 변질되어 '사대부'라 일컫는 양반 가문에서 자기 권세를 나타내기 위해 많은 음식을 놓고 제사를 지내기 시작했다.

이때에 제사에 정치적인 의도가 있다는 말이 생겨나기도 했다. 제수품에 쓰는 삼실과(三實果) 중 대추는 씨가 하나인데 이것은 이 나라의 임금은 오직 하나라는 것이며, 밤은 한 송이에 세 알맹이가 있는데 이것은 세 명의 정승을 둔다는 뜻이며, 감은 씨앗이 여섯 개라 육판서를 두어 나라를 통치하겠다는 의도였다. 그렇게 하여 제사를 지낼 때마다 이 나라에 하나이신 왕의 나라가 태평성대하기를 기원하는 예가 되도록 했다는 것인데 이를 모르는 우매한 백성들은 제사 때마다 삼실과가 빠지면 큰일 나는 줄 알고 기필코 챙겼다는 이야기다.

문화란 사회구성원들이 오랜 기간 살아온 생활 방식과 행동 양식이 굳어진 것이므로 제사 역시 고려 말에 들어온 것으로 계산하면 600년이 넘었으니 어디에서 들어왔건 우리의 문화로 자리한 것에는 틀림없다. 그런데 아쉬운 것은 그토록 중요하여 3천 년 이상이나 이어져 내려오며 남자들만이 자부심을 가지고 절을 하는 제사를, 제물(祭物)을 준비하는 사람에 대해서는 아무런 언급을 하지 않은 것이다. 제사는 중요하므로 제물은 꼭 남자가 준비해야 한다고 했으면 태조 이성계는 작금의 며느리들에게 원망의 표적이 되지 않았을 것이다. 그렇다고 여자가 준비하라고 명시하지도 않았다.

여자들의 몸이 너덜해질 지경이 되어 음식이 올려지면 한껏 차려입은 남자들이 "효자 아무개는…"이라는 제문을 읽으며 마치 몇 날 며칠 자신들이 바수어 장만한 음식을 조상님께 곱게 씹어 떠먹여 드릴 듯 정성을 다해 절을 한다. 여기에 며칠 전부터 제사증후군을 앓았으며 종일 기름 냄새 맡아 일을 한 여자들은 절을 하는 것에서 배제된다. 물론 절을 하고 싶어 하는 며느리 또한 있을까마는 남존여비사상이 가장 절정에 달했던 시기가 조선시대이고 그때 제사가 성행했으니 부엌일하는 여자의 가치는 어떤 목적을 위한 수단 외엔 아무것도 아니었으리라 짐작하지만, 지금까지도 인식에 변화가 없다는 것에는 부아가 날 뿐이다.

어릴 적 살던 시골 동네에서는 제사를 지낸 날 동네잔치를 했다. 할머니를 따라 잔칫집(?)에 가면 하얀 쌀밥에 고기와 떡, 알록달록 색을 들인 커다란 사탕을 맘껏 먹을 수 있었다. 그때는 마을 사람들을 먹여야 하기 때문에 음식을 며칠에 걸쳐 만들었고 평소에는 보리쌀에 조밥만 먹던 집도 제삿날만큼은 이밥을 가마솥으로 했으며 막걸리를 몇 독 빚어야 했다. 우리 집처럼 제사가 농한기에 있으면 이틀까지 계속되는 일도 다반사였다. 마을 사람들은 장기를 두거나 화투를 치거나 술을 마시고 젓가락을 두들기며 노래를 부르다가 잠을 자다가 일어나서는 또 이것을 반복한다. 엄마는 당신 키만 한 막걸리 독을 씻으며 '내 팔자…, 몸서리…'라고 혼잣말로 중얼거렸고 독 헹구는 소리를 과장되게 내기도 했는데 이때 막걸리 독이 빈 것을 안 마을 사람들이 비로소 일어섰다.

장자가 아니었지만 시어머니의 이쁨을 많이 받았다는 이유로 제사를 물려받은 셋째며느리인 우리 엄마는 지극정성으로 제사 준비를 하셨다. 엄마의 시어머니와의 추억담은 온 가족이 귀에 딱지가 앉을 정도였고 진심 기쁨으로 날이 갈수록 상 위에 올려놓는 음식은 늘어났으며 자신이 죽는 날까지 시어머니 제사를 지내겠다고 하신다.

이런 의식의 부모가 당신이 죽으면 자식들의 결정에 의해 제사를 축소하거나 안 지낼 수도 있다는 것은 상상조차 하기 어려울 것이다. 세상이 변하고 있지만 그 변화를 세상이 망할 징조라고 생각하는 나의 부모에게 나는 엄마의 며느리들을 대신하여 변하는 문화의 속성을 알려주며 가끔 얼음물 한 바가지씩을 끼얹어 과도기에 적응하는 연습을 시켜드린다.

엄마가 이렇게 제사를 정성스럽게 준비하는 배경엔 외할아버지가 계신다. 외할아버지는 딸만 여럿 두셔서 작은 집 아들에게 유산을 물려주고 제사를 부탁하고 가셨다. 자신의 아버지 제사는 딸이라서 지내면 안 되는 것이 당연하며 당신의 시어머니 제사는 정성을 다하는 엄마.

어렸을 때, '어차피 음식 준비는 여자인 엄마가 하는데 왜 외할아버지 제사 음식을 준비하지 않느냐'고 물었던 기억이 있다. 그랬더니 엄마는 눈을 하얗게 흘기며 절을 할 아들이 없는데 음식이 무슨 소용이 있느냐고 했다. 엄마에겐 제사 준비를 하는 것이 아들의 아내만이 할 수 있는 특권이었다. 엄마는 내가 연년생으로 딸을 낳자 이후 10년이나 구박하며 아들을 낳으라 성화였고 내가 아들을 낳을 때까지 외할아버지의 일생을 들먹였다.

시댁이 제사를 중히 여기는 집안의 며느리인 나는 제사 이야기에 민감하다. 내 남편이 장남이거나 외아들이라면 이 글을 쓰지도 않았을지 모른다. 이도 저도 아니고 형제자매의 수가 양손을 다 펼쳐야 할 숫자이고 절반 이상이 아들이지만 제사 스트레스를 받는 이는 오직 나뿐인 듯하다. 의식의 번거로운 절차를 간소하게 고쳐 낭비를 막고 건전한 생활자세를 기르는 데 목적을 두고 정부가 1969년 제정한 '가정의례준칙'은 이후 몇 번의 개정을 거쳐 규제를 완화하였지만 우리 집안에는 적용되지 않는다.

아버님이 돌아가시면서 제사를 초저녁에 지내도 된다고 하셨고, 큰아주버님은 3년까지는 아버님 식대로 따르고 이후 그렇게 하자고 하시더니 3년의 곱이 지났지만 마치 그렇게 하는 것이 아버님께 큰 불효를 저지르는 행위라고 생각하시는 듯 자정(子正)을 고수하신다. 그러다 보니 멀리 있는 형제는 못 오고 가까운 곳에 사는 우리만 항상 참석하는 것이다. 요즘은 향교에 나가시더니 새로운 예까지 찾아서 열과 성을 다하신다. 집안의 이런 분위기, 이러한 남편의 태도를 일찌감치 예견한 맏동서는 시위 끝에 제사에서 자유로워진 지 오래되었고 고스란히 한참 아랫동서인 나의 몫이 된 것에 원망을 넘어 이제는 그 옛날 형님의 선견지명이 진심 존경스러울 뿐이다.

제사에 대해 질문을 한 N에게 중국의 제사에 대해 물었다. 그쪽에서 들여왔으니 어마어마한 형식이 있을 것 같았기 때문이다. 답은 싱거우리만치 간단했다. 제삿날이나 청명절(4월 5일), 종이로 만든 돈이나 가짜 돈뭉치를 저녁에 길모퉁이에서 태운다고 한다. 그러면 저승에서 조상이 돈을 넉넉히 사용하고 집에는 찾아오지 않고 자식들이 하는 일이 잘 되게 해준다고 믿는다. 음식은 하지 않고 혹 간단히 하더라도 제사 후 음식을 버린다고 하며 귀신이 찾아오는 것 자체를 불쾌히 여긴다고 한다. 제사에 큰 의미를 담지 않고 부모라도 죽은 후에는 귀신에 지나지 않는다며 한국의 제사를 보고 놀랐다고 한다.

마음이 먼저냐 형식이 먼저냐를 고민할 때가 있다. 마음과 형식이 일치하면 더없이 좋겠지만 - 나도 분명 초심은 그 둘이 일치했을 테지만 - 마음보다는 형식이 중요한 게 '예'라는 이치에서 '집안의 평화를 위해', '암묵적인 희생' 등의 어휘에서 자유롭지 못하여 답답하다. 누구보다 현실 세계에 잘 적응하면서도 유독 제사 문제만은 답습을 고수하는 것에서 더하여 대단한 자부심까지 느끼는 분들의 모습을 대할 때에는 꾹꾹 눌러 왔던 피해의식이 내면에서 폭발하여 꿈자리까지 사납기도 하다.

아흔을 바라보시는 시어머니는 아직도 겨울 햇빛 좋은 날 일 년 제사에 쓸 어물(漁物)을 준비하신다. 어머니는 당신이 살아있을 때 최선을 다해 조상을 모시어 죽은 후 조상님을 부끄럽지 않게 만나리라 입버릇처럼 말씀하신다. 지금은 어머니 댁으로 모이지만 돌아가신 후에 집안의 제사 문제가 쉽지만은 않을 텐데도 어머니는 앞으로의 일을 걱정하지 않으신다. 제사에 참석하는 문제도 많은 자식 중 누구라도 시간 되는 자식이 준비하면 되며 그런 점이 자식 많은 집안의 장점이라고 말씀하신다. 제사에 부엌일을 하는 내게도 고마워는 하지만 역시 시간 되는 자식 중 하나라는 생각이시다. 시어머니의 이러한 긍정적인 생활 방식이

장수의 비결이라고 생각한다. 단 한 번도 바삐 걷는 모습을 보여주신 적 없고, 단 한 번도 어느 누구에게도 화를 내신 적이 없는 너무나 고요하고 평온하신 시어머니의 마음을 아프게 할 자신이 없어 오늘도 나는 제사에 간다.

지인은 동서가 셋이다. 세 며느리들 모두 사회의 요직에 있고 제사가 많은 집이다 보니 제사 때마다 집안에 분란이 끊이지를 않았다고 한다. 며느리별로 준비할 음식을 정했지만 시간적인 이유로 준비를 못하거나 참석을 못하기도 하고 불공평하다고 불만을 이야기하기도 했다. 매번 다투던 어느 날, '얼굴도 본 적 없는 남의 조상 일에 왜 객인 우리가 싸워야 하나?'는 물음을 급히 던지게 되었고, 곧바로 화해를 하고는 규모를 대폭 축소하고 참석 당번을 정하고 그야말로 '기념'하는 것에 초점을 맞추기로 했다는 부러운 이야기도 있다. 문화는 과거의 무조건적인 답습이 아님을 지혜로운 며느리들이 몸소 증명해 보인 것이다.

유교에서는 죽은 후에도 이 세계 안에서 산 사람에게는 안 보이는 상태로 살아가다가 차츰 그 에너지가 흩어져 4대 후에는 없어진다고 한다. 그러므로 이 세계에 머무는 4대 동안 제삿날 찾아와 음식을 먹는다는 것이다. 성심을 다해서 지내야 할 제사에 성의가 의문인 음식을 쌓아놓고 정성을 다해 절을 하는 모습을 보면서, 가끔은 양심의 가책을 느끼지만 이제는 이 세계 어딘가에 있으며 세상사 돌아가는 이치를 꿰뚫어 보시다가 제삿날이라고 찾아온 조상님이, 절하는 아들 손자들 뒤통수를 후려치며 "세상이 변했다. 미련한 후손들아!"라고 통탄을 하시든가, 기필코 쌓아놓은 음식상을 받고 싶으시면 최소한 "이제는 남의 자식 힘들게 하지 말고 너희들이 직접 준비를 해라"라고 하실 만도 한데…. 조상님은 가타부타 말씀이 없으시니 이 세계에 계시기나 한 건지 의문이라고 같은 병을 앓는 여인네들은 서로를 토닥인다.

지금은 자라서 독립을 한 딸아이들이 "엄마는 왜 그러고 살아?" 한다. 그러면서 큰아이는 결혼 자체를 안 하겠다고 선언을 했고 작은딸은 제사 문제, 명절 방문 문제의 타협점을 찾아서 결혼하겠노라고 한다. 피해의식에 찌들어 뒷담화만 하는 엄마에서 진일보하여 원인을 찾고 대안을 제시하여 문제를 해결하겠다는 요즘 세대다운 발상이다. 내 엄마 세대에서는 감히 생각하는 것조차 불효인 문제를 나의 세대에서는 표면에 드러내는 연습을, 그리고 딸들 세대에 가서는 구체적인 해결방안을 모색하는 것이다. 나의 인생이 결혼을 신중하게 고민할 만큼 보인 것에 딸들에게 미안하지만, 영리한 요즘 아이들이니까 오히려 엄마의 삶을 참고로 하여 잘 헤쳐 나가리라 믿는다. '평화'를 사랑하지만 그 평화를 위해, 문화라는 이름으로 '누군가만' 희생해야 한다면, 그 희생이 '나'가 아니더라도 참된 평화라 할 수는 없지 않은가.

글을 쓰는 내내 뭔가가 불편한 심경이었는데 자신이 하려던 말을 이제 막 찾았다. 변모하는 세계화 시대에 아직도 죽은 사람을 위해(?) 상다리가 휘어지게 음식을 차려놓고 산 사람의 생체리듬을 해쳐 가며 의식을 강행하는 것이 못마땅하다는 말을 직설적으로 하고 싶지만 백 번 양보하여 우회하련다. 바로 살아계신 부모는 당연히 공경하고 돌아가셔도 마음속에 늘 품고 감사한 마음으로 추모하는 것, 나의 세대에서 자식의 세대로 세대를 거듭하더라도 남편의, 아내의 조상을, 낳아주신 부모 못지않게 온전히 '마음에서 우러나오는' 추모를 하며 예를 갖출 수 있는 문화로 변화되었으면 좋겠다는, 극히 지당한 말을 하려고 이렇게 길을 돌았다. 또한 종교마다 다른 방식의 제사도 '맞고 틀림'이 아니라 수용하고 인정해야 함이 전제되어야 할 것이다. '인간 집단에서 학습되고 축적되어 하나의 체계를 구성하고, 변화 생성하는 과정을 거쳐 사멸과 진화 또는 퇴화의 길을 밟는 것', 이것이 문화의 속성이라면 말이다.

제 3 부

눈치 약이 필요해

3번의 딜레마

"엄마, 몇 번?"

"3번."

"또 3번이야? 3번에는 앉지 말라니까? 말을 안 들어요, 글쎄."

구시렁거리며 표를 예매하는 작은아이 옆에서 큰아이가 언제나처럼 논리정연하게 말한다. 고속버스에서 3번은 사고 났을 때 가장 먼저 죽는 자리이긴 하지만 위험한 상황일 때 가장 먼저 탈출할 수 있는 장점이 있다고.

연년생인 저들이 차례로 대학에 들어갔을 때 나는 두 주 혹은 세 주에 한 번씩, 그러다가 졸업을 하여 사회생활을 하면서는 뜸하게, 다시 셋째가 고등학교부터 서울로 가게 되어 셋이 합류하면서는 처음보다 더 자주 오르내려 어느덧 10년 이상을 고속버스를 이용했고 대부분 3번 좌석에 앉았다. 딱 한 번 다른 사람이 이미 예매해 버려 할 수 없이 두 명이 앉는 자리에 앉은 적이 있는데 그때의 열악한 환경을 잊을 수가 없다. 키가 큰 앞좌석 사람 때문에 TV도 볼 수가 없고 옆 남자의 '체취(體臭)'로 멀미감과 두통을 앓아야 했다. 또 신발을 벗은 남자들은 어떻고. 꼭 발냄새가 심한 사람이 신발을 벗는다. 그래서 3번이 없으면 아무리 급해도 뒤차를 탄다. 3번은 큰아이가 말하는 장점을 차치하고라도 전방 시야가 뚫려 있어 시원하게 펼쳐진 고속도로와 주변 경치를 볼 수 있고, 차 내의 답답한 공기에서 조금이라도 놓여날 수 있어 좋다.

엄마가 3번에 앉는 것에 언제나 작은딸은 불만이다. 역시 가장 큰 단점인 사고 시의 위험이 아니더라도 할머니들이 맨 앞자리를 좋아한다느니, 버스기사가 3번 승객을 부담스러워 한다느니, 운전자가 운전하는 모습을 직접 보는 자리인지라 앞차에 바싹 붙어가는 것에 불안감을 느끼고 기사의 딴짓이나 전화통화하는 것에 스트레스를 받느니 차라리 뒤에 앉아 안 보는 게 낫다는 것이다. 기사의 딴짓을 지적하는 것은 혹 인성이 그릇된 기사의 경우 난폭운전으로 연결된다는 말도 곁들였다. 예매할 때마다 큰딸이 한마디로 정리해 준 3번의 딜레마에 잠깐 빠져보다가도 언제나 3번을 선택하는데, 그러다가 바로 얼마 전 3번에 대해 다시 생각해 볼 기회가 오고야 말았다.

서울에서 동해로 오는 길이었다. 삼척에서 서울로 오는 차가 막혀 두 시간 이상이나 늦어졌다. 주말에는 동선이 반대인 경우가 많아 차가 막힌 적은 몇 번 되지 않았고 더구나 이러한 경우로 출발부터 늦은 적은 처음이었다. 다시말해 삼척에서 출발하여 서울에 도착한 차가 두 시간 후 다시 서울에서 삼척으로 출발하는 것이다. 출발하기 전 걱정이 되어 '기사 아저씨가 쉬지 않고 운전을 해도 괜찮겠냐'고 기사에게는 차마 못 묻고 관계자에게 물어보니 돌아온 대답을 듣고는 머리가 하얘졌다.

"방법이 없지 않습니까?"

버스는 만석이 되자 바로 출발했다. 나는 어김없는 3번이었다. 처음부터 아저씨는 나를 불안하게 했다. 나이가 든 기사님은 출발하자마자 줄하품을 하기 시작했다. 가슴이 철렁 내려앉았다. 아, 아함, 아~함, 아아아함…. 연거푸 하품을 하는가 싶더니 이번에는 가방을 뒤지기 시작했다. 한 손으로 운전을 하면서 한참이나 부스럭거리다가 찾은 것은 우유와 빵이었다. 도심을 벗어나지도 못했는데 핸들을 한 손에 쥔 채 빵과 우유를 뜯느라고 애를 먹었다. 정말 뜯어주고 싶었지만 그 위험한 상황을 관망하면서도 도저히 용기가 없었으니, 이러다가 사고가 나서 나는 제일 먼저 죽어도 싸다고 자신을 질책했다. 기사는 어찌어찌 뜯어서는 허겁지겁 흡입하다시피 먹었다. 그래, 얼마나 배가 고프셨겠어. 삼척에서 서울까지 6시간 가까이를, 또 쉬지도 못하고 바로 운전대를 잡아야 하니….

뒤돌아보니 이러한 앞의 사정을 아는지 모르는지 눈을 뜬 사람은 나 하나밖에 없었다. 둘째아이 말처럼 앞의 상황을 보지 않으면 마음이 불편할 이유도 없는 것이다. 어렸을 때 읽은 작자도 모르는 「돼지」라는 책 속의 돼지가 생각났다. 배 하단부에 실린 돼지는 배 안에서 난리법석이 난 걸 알 턱이 없는 것이다. 당시 작가의 예리한 필적을 부러워했던 기억이 있다. 이대로 세 시간을 가야 한다는 사실이 무서웠고 혹여 사고가 나서 만석의 승객이 전원 사망한다든가 적어도 가장 위험한 자리인 3번 좌석에 앉은 내가 대표로 죽는다면, 이러한 경위는 가족들이 알아야 한다는 판단이 서자 나는 가족 톡방을 열었다.

- 엄마, 지금 동서울 톨도 못 빠졌음. 6시간 운전한 아저씨가 쉬지도 않고 다시 운전 중. 아저씨가 하품을 계속하다가 가방에서 빵과 우유를 꺼내 먹는데 매우 불안함.
- 봐, 엄마. 내 말 듣지 그랬어. 3번은 위험하다니까? 어떡해 ㅠㅠ.
- 괜찮아, 엄마. 만일의 경우 내가 말한 장점을 살리는 노력을 잊지 마세요.

둘째, 첫째에 이어 막내 녀석이 능청을 떤다.
- 저런, 우리 어머니께서 위험에 처하셨군요. 어머니는 강한 분이라 절대 사고 안 납니다. 누님들 걱정 마세요ㅋㅋ.

이런 녀석을 다섯 살까지 후식으로 젖을 먹여 키웠다는 말이지. 저 녀석한테 왔다가 돌아가는 길인 걸 모르는가, 나쁜 놈.

남편은 역시 침착하고 사려가 깊었다.

- 기사한테 말해 보시오. 가까운 휴게소에서 쉬었다 가자고.
- 싫어. 난 그 말 못 해. 기분 나빠서 난폭 운전하면 어쩌요.
- 그래도 사고 나는 것보다는 낫지요. 말하기 힘들면 버스회사만 말해주면 내가 하겠소.

좀 더 지켜보겠다고 답장을 했지만 남편은 불안해서 안 되겠다, 수십 명의 안전도 생각해야 한다면 자기가 말을 하겠다고 안달을 냈다.

곧게 뻗은 고속도로는 핸들 조작이 별로 없어서 더 걱정이었다. 혹시 아저씨가 조는 것은 아닌지 목을 길게 빼고 동정을 살폈다. 그런데 운전석에서 이 모양이 거울로 보이나 보다. 아저씨가 홱 고개를 돌렸다. 무안하여 얼른 뒤로 물러나 이젠 그렇게 감시도 못 하게 되었다. 남편은 그 외에도 먹을 것을 드리라느니 말을 시키라느니 계속 톡방에서 코치를 했다. 아, 강변역 입구 트럭에서 산 귤이 있었지. 나는 정말 만석 승객의 마음을 담아 지극한 정성으로 귤을 까서 드렸다. 아저씨는 고마워하며 귤을 드시면서 운전을 했다. 그러다가 아저씨에게로 전화가 왔다. 아저씨는 서울로 온 6시간의 운전과 쉬지도 못하고 만석의 승객을 싣고 온 길을 다시 가는 사연을 마치 무용담처럼 이야기했다. 어찌 보면 통화를 하며 졸음을 쫓을 수 있어서 다행이라고 위안을 삼는 나 자신이 서글펐다.

차가 막히지 않아 교통의 흐름은 좋은데 늦어서인지 횡성휴게소에 들르지 않았다. 나는 이런 내용과 기사의 일거수일투족을 실시간 가족 톡방에 올리는데 이번에는 또 횡성에서 쉬지 않은 것이 남편의 심기를 건드렸다. 아저씨가 운전을 잘하신다, 상황을 봐서 힘들어하시면 얘기하겠다고 했더니 두 남자가 난리가 났다. '사고는 순간이다. 사고 난 다음 후회하는 게 나으냐. 전화는 내가 할 테니 어느 회사 버스냐.', '엄마는 우리에게는 불의를 보면 참지 말라고 하고는 본인은 참느냐, 엄마부터 모범을 보이라.'며 나를 들들 볶는다. 할 수 없어서 아저씨한테 휴게소에서 쉬지 않느냐고 물었더니 평창휴게소에서 쉴 거라고 했다. 그제서야 두 남자가 조용해졌다. 딸들은 별 반응 없는 걸 보니 역시 안 보는 게 약인가 보다.

휴게소에서 커피를 사 기사님에게 드렸다. 5분도 쉬지 않고 다시 출발했고 과속을 했지만 톡방에 올리지 못했다. 다만 안전벨트를 몇 번이나 점검해야 했다. 뒤를 돌아보니 화장실에 다녀온 승객들은 자리를 정비하고 다시 눈을 감고 있었다. 책 속의 돼지가 또 떠오르며, 나 혼자 돼지가 되지 못했음을 후회했다. 어차피 별일 없이 버스는 도착할 테니까.

동해터미널에 들어서니 정차장에 낯익은 중년의 남자가 허리에 손을 얹고 짝다리를 한 채 떡 버티고 서서 들어서는 버스를 노려보고 있었다. 과연 3번은 목적지에 다 왔을 때 가장 먼저 내릴 수 있었다. 풀린 다리에 힘을 주어 내리면서 서 있는 남편을 끌어당겼다. 남편이 끌려오며 화물칸으로 가는 버스 기사를 노려 보았지만 다행히 기사는 눈치채지 못했다.

이제 진퇴양난의 이 3번의 딜레마는 끝이 날 것인지, 가시에 찔리면서도 서로에게 다가가려는 고슴도치처럼 다시 원점으로 돌아갈지 결단을 내야 하지만…, 당분간은 생각하지 않기로 했다. 다음 표를 예매하기까지는.

개 팔자에 즈음하여

지난겨울 춥긴 추웠나 보다. 우리 엄마 평생에도 처음이라는 키우던 개가 동사(凍死)할 정도니까. 그것도 시골의 한동네에서 5마리나 하룻밤에 얼어 죽었다. 평소 개를 좋아하지 않던 엄마지만 아침에 일어나니 개가 축 늘어져 있어 창고로 옮겨 따뜻한 물을 주고 주물러 주었는데도 숨이 돌아오지 않았다며 가슴 아파했다. 만 15년을 키운 개인데 평균 연령만큼은 살다가 죽긴 했지만 전해 들은 나도 마음이 짠했다. 하루도 풀려 본 적이 없이 15년 동안 목줄에 묶여 살다가 죽은 우리 집 발바리. 엄마는 큰 개는 관리하기 귀찮다고 언제나 잘 짖는 작은 발바리를 키웠다. 날씨가 추우면 좀 따뜻하게 해주지 그랬냐고 엄마를 타박했더니 엄마는 "왜 안 그랬겠냐, 담요랑 이불을 갖다 깔아주면 다 물어뜯어서 밖에다 내놓기를 몇 번이나 했다."고 했다. 뿐만 아니라 풀어 놓아도 봤는데 온갖 곳을 돌아다니고 마을에 다니며 개들과 싸우기도 해서 묶어 키울 수밖에 없다고 했다. 그렇게 개는 주인이 양지바른 곳에 묻어 줌으로써 이승에서의 삶을 마무리하게 되었다.

딸아이의 산바라지를 하러 딸 집에 갔었다. 그런데 내 맘에 안 든 건

개였다. 우리나라 개도 아니라는 그 개는 한 마리도 아니고 두 마리였는데 집에서 기르는 개치고는 컸다. 딸아이가 미혼일 때 키우던 개였는데 결혼 후, 입양했다가 파양 당한 똑같은 종의 개를 맡아 두 마리를 키운다. 아무리 미의 기준이 주관적이더라도 누가 봐도 특이하면서도 못생긴 개인데 주인 눈에는 이쁘게 보이는지 아이 이상으로 보살핀다. 아침저녁으로 산책시켜주고 사료는 기본이고 간식에 다이어트 식품에 침대에 장난감에 옷에…. 이름을 몰라 일일이 다 열거조차 하지 못하겠다.

먼저 주인이 보살피지 않아 몇 가지 병을 달고 온 개를 지극정성으로 소독하고 치료하는 걸 보면서도 애틋한 정성이라는 생각이 들지 않는 건 내가 인정사정없는 독한 인간이어서인지. 나는 개를 원래 좋아하지 않는데 이 개들은 눈치도 없는지 내가 주방에만 얼쩡거리면 어디서 스멀스멀 나타나 내 옆에 모여든다. 뭘 먹지를 못한다. '사각'하고 사과 깨무는 작은 소리에도 언제 나타났는지 턱밑에서 기다리고 있다. 차마 혼자 먹지 못하고 작은 조각 하나 주면 입 한 번 다시고는 또 쳐다본다.

조막만한 개를 집 안에서 키우며 정서적 안정을 찾는 것은 봐줄 만한데, 내 딸아이가 갓 태어난 제 아들을 보며 '빨리 커서 누나들이랑 놀자'고 말하는 걸 보고는 속에서 부아가 치밀었다. 그래서 네가 개새끼를 낳았냐고 소리를 빽 질렀더니, 가슴으로 낳은 내 딸들이란다. 입맛이 써서 더 화도 안 났다. 다른 개들은 주인 말도 잘 알아듣던데, 이 개들은 미국 개라고 한국말은 모르쇠로 일관하는지, 앉으라 해도 먼 산

보고 손을 달라해도 들은 척도 안 한다. 그래서 '뭔 개가 돌대가리냐'고 했더니 딸아이 왈, "엄마 손에 든 게 없잖아." 하면서 저가 손에 간식을 들고 이것저것 시키니 다 한다.

신생아는 면역력도 약한데 개하고 같이 키우면 안 되지 않느냐고 사위한테 말했더니, 우물쭈물하며 "알겠습니다. 좀 클 때까지 접촉시키지 않겠습니다."라고 하는데 딸이 또 초를 친다. "태어나면서부터 같이 키워야 면역력이 오히려 증진된다는 기사를 못 보셨나요?"라며 검색에 들어간다. 딸의 뒤통수에 알밤을 한 대 먹이고는 자리를 피했다.

같은 아파트에 20여 년 살다가 지금은 단독주택을 지어서 나간 동갑 순란이가 개를 그렇게 좋아했다. 아이들이 어릴 때 자기 집은 유리알처럼 반질거리게 치워놓고는 애들이랑 개를 데리고 우리 집에 놀러 온다. 이름도 잊어버리지 않는다. '난이'라는 시추인데 쭉쭉 빨았다. 아마 자기 애들보다 더 사랑을 주는 것 같았다. 그 개는 눈물도 잘 흘렸는데 그때마다 손으로 닦아 주고 씻지도 않은 그 손으로 먹을 것도 개 한 입, 저 한 입 했다.

그러다 이사를 갔는데 운동 배우러 나간 곳에서 또 만나게 되어 개의 안부가 생각나 물었더니 죽어서 장례를 치러 주었다고 하며 눈물을 글썽였다. 벌써 오래되었다고 하는데도 생각날 때마다 눈물이 난다나 어쩐다나. 또 다른 지인도 개를 끔찍이 아꼈다. 18년을 살고 눈도 안 보이고 관절염에, 치매까지 걸렸다는데 보기만 해도 불쌍해서 눈물이 난다더니 개가 죽었는데 일주일 밤낮으로 울었다며 전화기 너머로 또 코맹

맹이 소리를 해댄다.

개를 보면 '윤회'라는 말이 생각난다. 법륜 스님이 원래 윤회는 불교에서 하는 말이 아니라 힌두교에서 나왔다고 하는데 우리는 일단 불교라고 생각을 하는 것 같다. 사람이 죽으면 평생을 중생을 위해 사리가 쌓이도록 기도만 하시던 스님은 해탈을 하여 부처님의 나라로 들어가지만 그 외에는 윤회를 한다고 한다. 사람, 축생 또 몇 가지 지옥으로 분류되는 것을 거듭 윤회한다고 하는데 …. 누구도 죽음 이후는 경험해 보지 않아서 믿을지 말지는 자유지만 이상하게 '개'를 보면 잠깐씩 생각을 하게 된다. '저 개는 무슨 죄를 지어서 개로 태어났을까, 축생으로 태어나는 것은 이승에서 나쁜 짓을 많이 해서라는데 태어날 때부터 이쁨받고 주인의 극진한 보살핌과 사랑으로 죽음마저 행복하게 맞은 개도 과연 그러할까. 반면 죽을 때까지 목줄에 매어진 개는 그 전생이 어땠길래….'

언제 어디에서인지는 생각이 나지 않지만 누가 한 말이 있다. 축생 중에서 사랑받는 동물과 그러하지 못한 동물의 차이는 '피치 못할 나쁜 짓'이냐 '의도적인 나쁜 짓'이냐라는데, 그렇게라도 생각을 하면 세상에 태어난 모든 생명에 대한 이해가 되는 것이다. 우리 친정의 개는 방에 한 번 들어가지 못하고 죽음마저 외로이 얼어 죽음으로 전생의 죄를 다 갚았을까, 그리하면 다음 생에 사람으로 태어날까? <신과 함께>의 후속작을 쓰면 대박이 날지도 모르겠다는 생각이 들었다.

친정에 갔더니 엄마가 통리장에 가서 강아지를 사 왔다며 개집을 가리켰다. 엄마가 지금껏 키우던 발바리가 아니었다. 파는 사람이 발바리라 해서 그런 줄 알고 데려왔는데 크면서 보니 아니라고 속았다면서도 개가 인물이 좋다고 만족해한다. 개는 정말 인물이 좋았다. 유튜브에 나오는 개의 고급스러움을 가지고 있었다. 발바리처럼 경망스럽게 짖지도 않고 시골에서 사람을 못 봤는데 나를 보고는 가족인 줄 아는지 짖지도 않을 뿐만 아니라 격하게 반기기까지 했다.

난 한 번도 친정의 개들을 손으로 만져 본 적이 없는데 이번 개는 나를 끌어당겼다. 개집 앞에 앉아 손을 내밀었더니 달라고도 안 했는데, 손에 뭘 들지도 않았는데 넙죽 한 손도 아니고 두 손 다 준다. 내 손을 이리저리 핥더니 입안에 넣고 자근자근 깨물며 가지고 논다. 닦지도 않는 이빨이 어쩜 그리 하얀지. 지금까지 한 번도 사랑을 주지 않은 채 보낸 친정의 개들에게 미안한 마음이 들었다.

윤회가 정말 있는지, 우리가 기본 오백 생을 정말 살았는지는 아무도 모를 일이다. 다만 뜬금없지만 요즘 뉴스에 나오는 흉악한 사람들을 보면 죽으면 생이 끝나는 것은 아니라는 확신이 든다. 각양각색으로 사는 사람이든, 새끼 때부터 사람과 한 이불을 덮고 가족으로 사는 개든 안락사당할 위기에서 딸 부부를 만나 새 삶을 찾은 개든 또 목줄을 맨 채 개 집에서 사람 집을 지키며 평생을 살아야 할 개든, 전생의 결과에 대한 윤회의 한 과정이라고 생각하면 마음에 있던 많은 간섭들이 놓아진다. 은근히 친정집의 강아지가 보고 싶다. 개 껌이라도 사서 주말에 또 가봐야겠다.

고양이가 은혜 갚는 방법

고양이는 벌써 몇 번째 은주네 집 마당에 쥐를 잡아다 놓았다.

고양이들이 은주네 집에다 가정을 꾸리는 일이 부쩍 늘었다. 시골집 형태의 단독주택인 은주네는 고양이들이 터를 잡기에 안성맞춤이다. 배가 고픈 고양이들이 집으로 찾아들면 은주 할머니는 밥을 주고 또 고양이들이 오지 않으면 혹시 지나다가 먹으라고 밥상 끝에 나오는 생선이나 고기 부스러기를 대문 앞에 놓아둔다. 그렇다고 은주 할머니가 고양이를 좋아하는 것은 아니다.

내가 방문할 때마다 은주 할머니는 '저놈의 고양이들 몸서리가 난다'고 하신다. 몸서리쳐지는 고양이를 왜 챙기느냐고 물으면 그래도 배가 고파 찾아드는 짐승을 어찌 내쫓냐고 하신다. 뿐만 아니라 고양이들은 저만 밥을 얻어먹는 게 아니라 친구들을 대거 몰고 온다. 은주 할머니는 고양이가 새끼를 낳으면 몸조리까지 신경 써 준다. 알록달록 쥐만한 새끼를 낳아 감싸고 있는 어미 고양이에게 밥을 갖다 준다. 혹시라도 새끼 낳은 걸 모르고 있다가 나중에라도 알면 아주 미안해한다. 또 새끼를 두고 어떤 연유로 돌아오지 못하는 어미도 있는데 그럴 땐 우유를 사다가 먹여서 키운다.

고양이는 사람들이 자신의 새끼를 구경하는 것을 싫어한다. 사람들에게 자신의 새끼를 들키는 순간 밤을 이용해 안전하다고 생각되는 곳으로 이사를 한다. 혹시나 사람들이 자신의 새끼를 예쁘다고 만지면 어미 고양이는 새끼에게 젖을 주지 않는다. 그래서 굶어 죽는 새끼도 있다.

일주일에 두 번 방문할 때마다 대문을 열면 고양이들이 이쪽저쪽에서 눈을 동그랗게 뜨고 쳐다본다. 흘깃흘깃 고양이의 가정을 기웃거리다가 어미가 없는 집 앞에 쪼그리고 앉아 새끼들을 구경한다. 그러면 은주 할머니의 푸념이 또 시작된다. 어제 또 새끼를 낳았다오. 에고, 몸서리!

꼬물꼬물 눈도 못 뜨는 고양이들의 옹송그림은 그러나 예쁘기만 하다. 그런데 어느 날은 대문을 열었는데 조용했다. 고양이들이 한 마리도 보이지 않는다. 마당 구석을 살피는 내게 은주 할머니가 말씀하신다.

"어제 내가 다 갖다 버렸다오."

"아니, 어디에다요?"

"내가 어젯밤에 자루에 넣어서 저쪽 이도리에 갖다 풀어놓고 왔지, 킥킥킥."

"예? 이도리요?"

난처한 표정의 나를 무시하고 은주 할머니는 큰일이라도 해낸 듯 아주 흡족한 미소를 지으신다. 아니나 다를까 그날 이후로 고양이들은 내가 사는 이도리를 활보했다. 눈에 익은 고양이들이 나를 쳐다보았지만 나는 애써 외면했다. 웬 고양이들이 떼로 나타났다느니, 밤에 보면 무서워 죽겠다느니, 도둑고양이들은 시에서 좀 없애줄 수 없느냐고 민원을 넣어야겠다는 등 이웃의 투덜거림에 동조를 안 할 수 없기 때문이다. 차마 내가 아는 은주 할머니네 고양이라고 말할 수도 없는 일이었다. 고양이들은 치열한 생존경쟁을 하며 살고 있었다. 쓰레기통을 뒤지기도 하고 식당 뒷문을 기웃거리다 두들겨 맞기도 하고 동네의 터줏대감 고양이에게 쫓기고, 차에 치여 죽기도 했다.

어느 날 은주 할머니는 중얼거리며 마당을 쓸고 있었다. 웬 쥐가 마당에 죽어 있다는 것이다. 쥐약을 먹고 마당에 와서 죽었는가 보다며 멀리 갖다 버렸는데 다음 날 은주 엄마가 전화를 했다. 마당에 쥐가 또 있다는 것이다.

다음 날 한국어 공부는 자연스럽게 문화 편이 되었다. 베트남의 은주 엄마가 살던 지역에서는 쥐를 먹는다. 논이나 들에서 사는 쥐는 더럽지 않아 많은 지역에서 잡아먹는다고 한다. 은주 엄마는 쥐고기가 맛있다며 입맛을 짝짝 다신다. 반면 같은 베트남이라도 쥐고기를 먹는다는 것이 금시초문인 사람도 있다. 나라마다 지역마다 다른 문화를 이해, 교육시키면서도 이런 부분에서는 나도 모르게 얼굴이 구겨진다. 이를 놓치지 않고 은주 엄마가 다시 한번 강조한다.

"아니에요, 선생님. 아주 맛있어요!"

"알았어요, 알았어!"

은주 할머니는 '잡았으면 먹지, 왜 마당으로 갖고 들어오냐.'며 구시렁거리셨다. 은주 엄마와 우리의 전래동화 「호랑이 형님」을 읽었다. 자신이 본래 인간이었는데 집을 나가 산에서 살다가 호랑이로 변했으며 인간 어머니가 항상 아들을 생각하며 슬퍼한다는 말을 들은 후 어머니 댁의 마당에 산돼지를 잡아서 갖다 놓는 것으로 효도를 한다는 이야기인데, 아마 고양이들이 극진하게 대해 준 분께 은혜를 갚는 것 같다고 은주 할머니께도 말씀드렸다. 고양이에게서 제일의 음식은 '쥐'일 것이며 자신에게서 최고의 가치를 가진 것을 선물한 것이다. 은주 엄마는 재미와 감동으로 훌쩍거렸다.

은주 할머니는 이후 고양이를 내쫓지 않으셨다. 다시 고양이들은 은주네 집 마루 밑이며, 창고에 가정을 꾸리기 시작했다.

김밥을 추억하며

'인산인해, 전국서 몰려든 김밥의 정체'

'오늘 아니면 이젠 못 먹는다.'

전국적으로 인기를 끈 40년 전통 전북 전주 '오선모옛날김밥'이 오늘인 6월 30일 영업을 종료한다고 한다. 이에 전국에서 마지막 달인의 김밥을 먹기 위해 달려간 손님들의 행렬이 끝없이 이어지고 있다고.

오선모 사장은 40년 동안 당근과 달걀, 단무지 세 가지로만 맛을 내며 김밥을 만들어 팔았는데 건강이 안 좋아져 일을 접을 수밖에 없다. 평소에도 2시간을 기다려야 맛볼 수 있는데 방송을 타면서는 최소 3-4시간으로 늘었다고 한다. 그러다 보니 연세도 있고 오랫동안 같은 자세에서 육체적인 일을 많이 했던 터에 지병이 생긴 것이다.

나는 어지간해서는 김밥은 사먹지 않지만 뉴스를 보며, 당근으로 맛을 낸다고 하는데 얼마나 맛있으면…, 하는 생각이 들었다. 내가 말았던 방법과 비슷한 걸 보니 나도 나만의 노하우를 접목하여 김밥을 만들어 팔았으면 돈을 벌었을까, 금방 접었을까 아주 잠깐 생각했다. 아이들이 어렸을 때는 김밥집도 지금처럼 많지 않았고 또 만들어서 아이들을 먹여야겠다는 생각으로 나도 어지간히 김밥을 말았다.

"엄마, 난 엄마 김밥이 쩨일 맛있어. 내 친구들도 우리 엄마 김밥이 젤 맛있대. 근데 계란하고 이거(맛살)하고 이거 파란 거(시금치)는 빼고 당근 많이 하고 오뎅하고 단무지만 넣고 싸 줘."

"그래 그래 그러마. 구하기 어려운 걸 더 넣으라는 것도 아니고 넣던 걸 빼라는데 뭐가 어렵겠나. 알았다!."

흔쾌히 대답하고는 밥에 빻은 깨와 들기름, 간 소고기, 소금 약간을 넣고 아들이 원하는 세 가지를 듬뿍 넣어 사주었다. 소풍뿐만 아니라 평소에도 이틀에 한 번은 싸 준 것 같다. 아들의 허락 없이 갈아서 양념한 쇠고기를 넣었더니 더 잘 먹어서 그렇게 아들 김밥은 굳어진 것 같다. 성인이 된 지금도 그렇게 김밥을 싸주면 좋아라 먹는다. 계란 노른자로 지단을 부쳐 깻잎과 함께 깔면 색깔도 아주 예쁘고 맛도 더 좋은데, 그럴 때마다 아들은 의심스런 눈초리로 김밥을 한참 관찰하고는 먹는다.

아무래도 난 김밥을 만드는 솜씨가 좋다는 생각이 든다. 딸 둘이 초등학교에 다닐 때 애들이 종종 나를 귀찮게 했다. 두 아이가 반장, 회장을 번갈아 하는 바람에 나는 학교에 퍽 자주 나갔다. 지금은 일하는 엄마들이 많고 학교에 부모들이 출입하는 것을 막고 있지만 그때만 해도 아이가 반장을 맡으면 엄마도 반장일을 해야 했다. 청소와 배식, 어머니 회의 등의 일을 해야 했고 엄마가 자신이 없으면 아이를 말려 반장 선거에 내보내지 않기도 했다. 우리 아이들은 김밥을 좋아해서 아침에도 간단하게 김밥을 자주 만들어 주었다. 만드는 김에 몇 줄 더 싸서 선생님들

티 타임에 드시라고 보내기도 했고 소풍 때도 선생님 맛보시라고 싸서 보냈는데 극찬을 받았다. 또 아이들 반에 도시락을 싸지 못하는 아이 두엇 정도 김밥을 싸 주었는데 아이들 엄마에게 감사 인사보다는 '맛'에 대한 평가가 더 컸었던 기억이 난다.

어릴 적 우리 엄마의 김밥이 생각난다. 엄마는 소풍날이 되면 김밥을 싸 주셨는데 꼭 볶은 잔 멸치를 넣었다. 다른 아이들은 멸치를 넣어 싼 김밥이 없는데 나만 멸치를 넣어 좀 부끄러웠지만 친구들이 신기하다며 너도나도 집어 먹었고 역시 멸치를 안 넣은 김밥보다는 넣은 김밥이 맛있었다. 지금도 생각하면 우리 엄마는 참 대단하시다. 그 옛날 두메산골에서 김밥에 사이다, 그리고 내가 좋아하는 돌사탕까지 싸주다니…. 가끔은 김밥을 쌀 때마다 멸치를 넣고 싶은 충동을 느껴 실제로 볶은 멸치가 있을 때는 넣어서 싸 먹는다. 어릴 적 엄마가 해 주시던 맛은 안 나지만 그래도 멸치의 고소한 맛 때문에 김밥 맛이 더 좋은 것 같다. 그때 엄마는 지금처럼 많은 재료를 넣지는 않았을 것이지만 맛만큼은 지금의 그 무엇과도 비교를 불허한다.

김밥 전문점이 많이 생겼다. 이제는 손수 김밥을 싸는 사람은 많지 않다. 전문점마다 자신들만의 노하우와 재료로 맛을 내지만 내가 사서 먹어 본 것 중 기억에 남는 것은 가장 싸면서도 푸짐한 재료를 넣어 바로 싸주는 A 마트 김밥이다. 당시 주변에서 가장 싼, 한 줄 1,000원이었고 다들 김밥값을 올려도 인상하지 않았다. 그래서 자주 이용했는데, A 마트 전체가 문을 닫으면서 더 이상 김밥을 팔지 않았다. 김밥 전문점을 내시면 단골로 이용하겠다고 했지만 웃기만 하시던 조용한 아주머니셨다.

이참에 김밥의 역사를 찾아보았다. 우리나라에서 김을 먹은 것에 대한 기록은 13세기 삼국유사에서 처음 등장하는데 신라시대부터 김을 먹었다고 전해진다. 1425년 <경상도지리지>에 김 양식에 대한 기록이 등장하지만 김을 밥에 싸 먹었다는 기록은 4세기나 뒤에 등장한다. 오늘날과 같은 김밥의 모습은 일본에서 비롯되었다고 한다. 그러니까 김에 내용물을 싸서 먹는 음식은 한국이 먼저인 것이고 오늘날 김밥의 외형은 일본이 먼저라고 볼 수 있다는 것이다. 이 때문에 김밥의 원조가 한국이냐 일본이냐에 대해 논란이 있다고 한다.

충무김밥의 원조는 일제강점기 충무에 살던 한 어부의 아내가 고기잡이하러 나가는 남편에게 해산물 무침을 속 재료로 넣어 김밥을 싸 주었는데 덥고 습한 날씨에 김밥이 쉬어버리곤 해서 김밥에 아무런 간도 하지 않고 속 재료를 반찬처럼 따로 담아 넣어 빨리 쉬지 않게 만들었다고 하여 '뱃머리 김밥'이라는 이름으로 불렸다고 한다.

한때는 김보다 밥이 바깥쪽에 있는 누드김밥이 유행했었던 적이 있었다. 압구정에서 처음 등장했다고 하는데 당시 압구정이 강남 부자들의 자녀와 미국 유학생인 오렌지족들의 주 활동지여서 압구정로데오거리에 미국식 음식을 파는 곳이 많아졌고 그중에 비싼 아보카도나 해산물을 넣은 '캘리포니아 롤'이라는 음식이 있었는데 오렌지족의 소비를 선망하는 X세대들이 흉내 낸 음식이 바로 '누드김밥'이라고 한다.

김밥은 사실 색깔은 멋지지만 소화에는 큰 도움이 되지 않는다. 알록달록 색깔을 예쁘게 하기 위해 서로 궁합이 맞지 않는 재료를 사용했기 때문에 김밥을 먹고 배탈이 나기 쉽다. 또한 빨리 상하기도 한다. 그래서 부추와 우엉이 불협화음의 중재 역할을 하며 소화를 돕고 배를 편안하게 해 준다고 하여 넣기도 한다.

김밥의 역사를 찾아보면서 드는 생각은 모든 문화는 역사를 가지고 있다는 것이다. 40년 전통의 김밥집이 사라진다고 우울해할 필요는 없다. 단골로 이용하던 이들은 섭섭하겠지만 이 세상에 영원한 것이 어디 있던가. 김밥나라의 김밥이, 지금 내가 만드는 김밥이, 우리 엄마의 멸치 김밥이 김밥의 새로운 역사를 쓸지도 모른다. 이어질 김밥의 역사가 궁금해진다.

불구경의 대가代價

아직도 산불이 꺼지지 않았다. 오늘이 6일째라고, 대통령 선거 중계 방송을 하면서도 산불 뉴스가 나온다. 담배꽁초로 추정되는 원인이 있을 뿐 아직은 누가 버렸는지 밝혀진 것이 없다. 밝혀진다고 뭐가 달라질 것인가. 까맣게 타 버린 산림이 돌아올 것이며 역시 불타버린 가옥이 도술을 부린 것처럼 나타날 것이며 상심하여 쓰러져 있는 이재민들의 심신의 상처가 치유될 것인가.

차창 밖으로 불붙은 담배를 버리는 사람을 심심치 않게 발견한다. 이들은 담배를 피우는 것이 마치 특권인 양, 남들 못하는 재주를 부리는 양 신호대기 중일 때 문을 열어놓고 피우다가 손가락으로 피융 날려 버린다. 떨어진 담배꽁초는 한참 동안 생 연기를 피우다가 사그라진다. 그럴 때마다 비흡연자들은 생각한다. 만약 저 담뱃불이 바짝 마른 풀에 떨어졌다면 어땠을까, 어떤 일이 일어날까. 결국 일어날 것이 일어난 것이다. 어찌 보면 부주의하여 버린 담배꽁초에 비해 불이 일어난 횟수는 적다고 할 것이다.

어린 시절 나는 아주 높은 산꼭대기에 살았다. 뒷산에 올라가면 수많은 산봉우리들이 모두 우리 눈 아래에 있었다. 특히 지금처럼 건조한 봄에는 신기하게도 보이는 산 어디서든지 한두 군데 연기가 피어올랐다. 모락모락 쑥불처럼 피어오르던 연기는 곧 불꽃을 보이다가 삽시간에 시뻘건 불길이 되어 이 산 저 산으로 날아다녔다. 불구경과 싸움 구경은 된장이 타도 모르고 구경한다고 했다. 나는 오빠들과 불구경을 하러 종종 뒷산에 올라갔고 허탕을 친 적은 많이 없었다. 어릴 적 먼발치서 불구경을 해 본 사람이라면 알까. 산불로 인해 보게 될 손실은 내 몫이 아니었다. 재미만 있을 뿐이고 상황이 오래 지속될수록 흥분되다가 알지 못할 카타르시스까지 경험한다. 불구경은 꿈속까지 이어졌다. 다만 꿈속에서는 번번이 불길이 우리 집으로 향했고 밤새도록 그 불을 끄느라 아침에 일어나면 더 피곤했다.

한 번은 아랫마을에서 불이 났다. 고등학교에 다니던 남학생이 담배를 피우며 학교에 가다가 버린 담배꽁초로 불이 났던 것인데 연기를 보고 윗마을 아랫마을 사람들이 모두 몰려가서 불을 껐다. 그 오빠는 불이 나자 혼자 불을 끄려고 했지만 도깨비처럼 옮겨 다니는 불을 끄지 못하고 고래고래 소리를 질러서 피해를 줄였다. 그 오빠는 마을 사람들의 만류에도 그의 아버지한테 두들겨 맞아서 며칠을 학교에 나가지 못했다.

우리 아버지, 엄마의 자식들이 다 커서 외지로 나갔고 결혼을 했다. 자식들의 왕래를 위해 차도 들어가지 못하는 산꼭대기를 떠나 차가 다니는 아랫마을로 내려왔고 불구경은 더 이상 이어지지 못했다.

아이들을 키우며 평온한 일상을 보내던 어느 주말, 늦잠을 자고 있는데 전화벨이 울렸고 전화를 받는 남편의 얼굴이 굳어졌다.

"빨리 옷 입어. 외갓집에 가야 해."

아이들은 외할머니한테 간다고 신이 나 있는데 남편은 작은 소리로 놀라지 말라며 외갓집에 화재가 났다고 했다. 마을 이장의 전화인데 소방서에 빨리 연락하여 불이 산으로 번지는 것은 막았지만 집은 모두 탔다고 하였다.

'이건 분명 꿈일 거야. 꿈이어야 해.'

하지만 현실이었다. 비상등을 켜고 달려간 시골집은 기둥 하나 남아 있지 않았고 녹아내리고 남은 철판만이 그것이 냉장고이고 세탁기임을 말해 주었다. 누전이었다. 누전차단기가 얼마 전부터 자주 내려갔지만 올리면 정상으로 돌아오니 무시했던 것이다. 다행히도 두 분이 밭에 일을 하러 나간 사이에 불이 나 인명 피해는 없었다. 반쯤 정신이 나간 친정엄마는 물과 재가 흥건한 바닥에 철퍼덕 주저앉아 땅속에 먹이를 감춰 둔 강아지처럼 두 손으로 파내고 있었다. 분명 여기라며, 혼잣말을 읊조리며 한참을 찾던 엄마는 광부처럼 새까만 손을 들어 올리며 안도의 숨을 쉬었다. 번쩍거리는 그것, 그것은 바로 금붙이였다. 모두 녹아 형체를 알 수 없었지만 분명 금이었다. 평소 급히 쓸 일이 있을까 봐 고이 넣어 둔 현금과 엊그제 소 판 돈까지 모두 타 버렸다. 재라도 갖고 가면 얼마간 보상을 해준다고 했지만 호스로 뿌린 물과 재가 섞여 전혀 알아볼 수 없었다.

부모님은 이웃집에 기거를 하며 급히 조립식으로 작은 집을 지었다. 오히려 오래된 나무집보다 더 예쁜 현대식 집이 생겼다. 하지만 엄마는 충격으로 정신 이상 증세를 보였다. 매일 밤 잠을 자다가도 불을 끄겠다고 고래고래 소리를 지르며 호스로 지붕 위에 물을 뿌리고 마당에 주저앉아 두 손으로 시멘트 바닥을 파내다가 손끝이 온통 피투성이가 되었다. 또 아버지가 기척을 못 느껴 말리지 못한 날은 옛날 살던 산꼭대기의 집을, 맨발로 한 시간을 걸어 찾아가다가 정신이 들거나, 기어코 도착하여 마루에 앉아 있다가 정신이 들자 공포를 느끼며 다시 돌아왔다고 한다. 깊은 산 속이라 덩치 큰 짐승들이 많이 살고 있지만 산신령의 도움인지 다행히 엄마를 해친 동물이 없었다. 자식들이 알았으면 병원 치료를 받게 했을 텐데 이런 사실을 안 것은 엄마가 자연치유가 되고 한참이나 지났을 때였으니 부모님의 그 마음을 가히 짐작조차 할 수가 없다.

그 후로 나는 더는 불구경을 안 한다. 화재 뉴스가 나오면 채널을 돌린다. 곧 시집을 갈 딸의 짝지가 소방관이어서 마음이 많이 무겁다. 남들은 연애만 하고 헤어지기도 잘하던데 그런 소식은 없고 10년 가까이 사귀었으니 이젠 결혼을 하겠다고.

봄이 되면 연일 들려오는 화재 소식에 갱년기 증상까지 겹쳐 우울감이 커진다. 이 지역은 산지가 많아 대형 산불에서 자유롭지 못하다. 막연하게 남의 일로만 알았던 재해가 나의 일이 되고 나서야 공감이 되는가 보다. 누가 반긴다고 또 찾아온 산불에 동료가 체육관에 피신을 한다고 하여 진심으로 가슴이 아린다. 강릉 가는 길에 옥계를 지나면, 지난해 났던 산불을 아직 정리도 못 했는데 남은 산마저 태워야 직성이 풀린다는 듯 방금 전까지 산불이 휩쓸고 간 흔적이 매캐한 냄새와 같이 남아 있다. 타버린 나무만큼 보는 사람의 가슴도 까맣게 탄다.

체육관에 대피한 이재민들을 위해 주먹밥 봉사를 했다. 만들수록 그 크기가 점점 커져 가던 주먹밥, 작은 봉사지만 이렇게 정성을 들인 적이 없었던 것 같다. 한시라도 빨리 산불이 진화되고 올해도 내년도 더 먼 미래에도 더 이상 화재 소식은 들려오지 않기를 염원해 본다.

용서

"안으로 들어가 보시오. 위험인물이니 가까이는 가지 마쇼."

벌벌 떨리다 못해 이러다가 심장이 뛰쳐나오거나 터져버릴 것 같아 걸음이 떨어지지 않았다. TV에 나오는 이들은 다들 모자이크 처리를 했던데 과연 직접 보는 강도는 어떤 모습일까. 굳어 있는 날 보고 경찰관이 말했다. 꼭 봐야 하는 이유라도 있어요? 안 보는 게 나을 텐데.

막둥이를 챙겨 학교에 보내고 청소기를 켜는데 전화벨이 울렸다.

"에미냐…."

친정어머니의 목소리가 잠겨 있다. 평소 같으면 사위에서부터 막둥이까지 일일이 열거하며 안부를 묻고 또 이들 하나하나에게 밥을 먹여서 보냈는지 아침부터 야단을 쳐서 기분을 상하게 하여 내보내지는 않았는지, 마지막으로 내가 밥을 먹었는지를 물으며 시작했을 전화다. 예감이 안 좋다고 느끼자 가슴이 쿵! 내려앉았다. 그 가슴에 엄마가 대못을 쳤다.

"네 아버지 지금 병원에 와 계신다."

"왜? 아니, 어느 병원?!"

이유를 물을 겨를이 없었다.

작은 외과 의원에 누워 계시는 아버지를 보았다. 아버지의 손과 발이 진흙투성이다. 들에서 일을 하던 모습인데…? 그런데 아버지의 목에 붕대가 감겨져 있고 얼굴에 칼로 난 상처가 피와 엉켜 있다. 나는 차마 연유를 묻지 못하고 눈물만 쏟았다.

"그놈 자식이 은혜를 이렇게 갚아? 인간의 탈을 쓰고 어찌 이런 짐승만도 못한 짓을 한단 말이냐."

엄마는 '팽' 하고 코를 한번 풀어낸 후 간밤의 이야기를 시작했다.

태풍으로 비바람이 몰아치던 어제 저녁에 한 젊은이가 찾아와 하룻밤 재워달라고 했단다. 의복이 이상하고 인상도 안 좋아 꺼림칙하게 생각한 부모님이 사연을 물으니 집이 경기도 어디인데 초행이라 길을 모른다고 했다. 아직 날이 밝으니 찻길까지 데려다주겠노라 하자 젊은이는 내켜하지는 않았지만 아버지가 차비하라며 돈을 건네자 따라나섰다.

친정집은 산골이다. 인적도 드물고 산과 내를 여럿 지나야 하는데 비로 물이 불어 초행에 혼자로는 힘들고 길을 헤맬 것 같아 아버지는 앞장을 섰다. 아버지는 나도 자네 같은 아들이 몇 있다느니, 또 지나는 길이 있으면 들르라느니 얘기를 하는데 젊은이는 건성으로 가끔 대답할 뿐 말이 없었다. 그러던 중 아버지는 이상한 기운과 함께 위험을 느꼈다. 그래서 젊은이에게 앞장설 것을 권했다. 쭈뼛거리던 그는 마지못해 시큰둥하게 앞장을 섰으나 제대로 걷지를 않고 비척거리며 뒤따르는 아버지의 주의를 흐렸다. "똑바로 걷게나. 아무리 산길이지만 젊은 사람이 그리도 힘이 드는고….” 하며 아버지는 하던 얘기를 계속했다.

그런데 몇 개의 고개를 넘고 내리막길로 접어들자 젊은이는 발목을 삐었다며 주저앉았다. 아버지는 발목을 만져 줄 양으로 고개를 숙였다. 그와 동시에 젊은이의 주머니 속 칼이 아버지를 향해 날아왔다. 미처 어찌해 볼 겨를도 없이 일흔의 아버지는 펄펄 끓는 20대의 청년에 맞서야 했다. 그러나 비록 노구지만 평생을 농사일로 잔뼈가 굵어진 아버지. 그 아버지의 끈질긴 대항에 마침내 젊은이는 줄행랑을 쳤다. 아버지는 마지막 힘을 모아 다시 집으로 돌아와 마당에 쓰러졌고, 아버지의 모습을 본 엄마는 잠시의 기절을 거쳐 마을 이장에게 전화를 했고 이장은 경찰에 신고를 했다. 신고를 하리라고는 생각을 못했던 강도는 터미널에서 버스를 기다리다 체포되었다.

“뭐하러 와…, 막둥이 올라….”

아버지는 빨리 가라는 시늉으로 휘휘 손을 저으려고 애를 쓰셨다.

“아버지는, 지금 막둥이가 문제예요?”

“애비 안 죽어….”

아버지는 힘겹게 웃으셨다. 병원에 누운 아버지, 그 옆에서 내 이놈을 당장 가서 요절을 내겠다는 코맹맹이 엄마의 벼름을 뒤로 한 채 병실 문을 나섰다. 터덜터덜 건물을 빠져나오는데 언제 나왔는지 엄마가 두 팔 벌려 앞을 막는다.

“에미야, 절대로 오빠하고 동생들한테는 말하지 마라. 아버지는 다행히 위험할 정도는 아니란다. 걔들이 알면 걱정하느라 일인들 제대로 하겠냐. 당장 다 쫓아 올거구만. 그러니….”

“엄마는 지금 아버지가 저 지경이 되었는데 무슨 일이 그리 중요해? 엄마가 그러니 만날 그 산속에서 그러고 사는 거야. 엄마 아버지도 이젠 제발 대접 좀 받아 살아요. 아들들이 우리 집으로 갑시다. 그러면 두말 말고 보따리 싸서 따라나서고, 용돈이라고 주면 넙죽 한번 받아 보라구요. 그렇게 몸 부서지게 키워 놓으면 뭐해? 아들들이 알아 주냐구!”

“됐다, 고마. 가거라.”

엄마는 금방 당신이 나온 작고 하얀 건물로 종종걸음을 걸었다. 내 집인 양 아무런 주저도 없이, 엉덩이 두어 번 툭툭 털고서.

작은 키에 남루한 의복, 산과 물의 속을 헤집었을 퀴퀴한 옷을 그대로 입고 등을 보인 채 쭈그린 젊은이. 철창이 쳐진 오래된 시멘트 바닥, 귀퉁이에 변기 하나 달랑 있는 그것이 유치장의 전부였다.

인기척에 고개를 돌리는 강도를 보았다. 내 마른 입안에 미처 고이지도 못한 침이 꺽 소리를 내며 넘어갔다. 뒤이어 딸꾹질이 나왔다. 이럴 땐 어떻게 하나. 무슨 말인가를 해야 하는데… 그렇지, 이럴 땐 욕을 해야 하는 거야. 지금껏 들어본 상스러운 욕은 다 해야 하는 거야. ‘이 나쁜 놈아. 너도 인간이냐? 길 헤매는 아들 같은 사람 차비까지 줘서 물길 건너 찻길까지 데려다 주겠다는 노인에게 그게 할 짓이냐? 너 같은 인간 살 필요도 없어. 지옥불에나 떨어져라. 이 날강도 놈아!’

그런데 머릿속에 맴도는 그 많은 욕 중 어느 것 한마디도 나오지 않았다. 얼굴과 팔다리, 보이는 몸이 성한 곳이 없다. 온통 칼에 베인 흉터에 수술로 꿰맨 자국이다. 스물의 초입에 이렇게 몸을 혹사하고 기록엔 전과밖에 없는 젊은이…, 그런데 그의 작은 체구에서 유독 번뜩이는 건 눈이었다. 처음엔 눈을 맞추는 것조차 소름이 끼쳤다. 하지만 무슨 용기에 선지 다음엔 내가 그 눈을 피하지 않았다. 놀라운 일이 일어났다. 살기가 등등하던 그 강도가 내 눈을 피한 것이다. 그리곤 다시는 고개조차 들지 않았다. 강도, 정확히 말하자면 강도 살인미수자이다. 내 아버지를 죽이고 다시 집으로 가 엄마마저 해하고 도둑질을 하려던.

"왜 그런 짓을 했어요? 아직 어린 사람이. 그 촌구석에 돈이 많으면 노인들만 거기 살겠어요? 부모님은 계시나요?"

"……."

"이제 젊음의 시작인데 할 일이 좀 많아요. 앞으로 이런 짓은 절대로 하지 말아요. 댁의 부모님이 이런 일을 당했다고 생각해 봐요. 그리고 부모님이 아들이 강도 살인자라면 그 마음이 어떻겠냐구요. 아들 낳았다고 잔치 벌였을 부모님을 생각해 보세요."

"……."

한마디의 대꾸도 없는 젊은이는 한참을 횡설수설 지껄이는 내 말이 듣기 싫었는지 몸을 돌려 작은 등을 더욱 작게 웅크렸다. 복합 미묘한 표정으로, 금방이라도 끌끌 혀를 찰 것 같은 표정으로 나를 바라보는 경찰을 뒤로하고 경찰서를 나왔다.

큰 병원으로 옮기신 아버지가 돌아오시고 자식들이 모여 가족회의를 했지만 끝내 부모님은 조상이 물려준 땅을 떠나지 않으셨다. 멀리서 피의자의 노부모가 그들의 아들보다 더 남루한 모습으로 찾아오셨다. 아버지는 용서를 하셨다. 아버지의 자식들인 우리들은 울었다. 열 몇 번의 해가 바뀌었다. 그동안 아버지는 그날의 일을 단 한 번도 말씀하지 않으셨다. 다만 아버지 대신 어머니가 그 이후 충격으로 잠시 인지능력 이상 증상을 보이셨다. 어머니 역시 그 일에 대해서는 한마디의 말씀도 없으시다가 인내가 도를 넘을 때마다 녹음기를 틀 듯 토씨 하나 바뀌지 않는 그 말씀을 반복하신다.

- 그날, 하도 눅눅해 새벽에 군불을 지피고 설핏 잠이 들었는데 말이다. 우리 집 하늘에 먹장구름이 잔뜩 끼는 기라. 점점 더 칠흑같이 어두워지는 기라. 여보, 여보, 네 아버지를 부르다가 잠이 깼는데 글쎄 그날 저녁때에…. -

아버지께 그날은 지금 어떤 빛으로 남아 있을까?

아버지는 아실까? 내게 처음으로 유치장을 구경시켜 준 젊은이, 내 눈을 피하던 어린 강도의 흉터투성이 얼굴을, 아버지보다 이 딸이 먼저 용서했다는 걸, 그리고 그 사실이 불효가 될까, 언제까지나 당신께 말씀드릴 수 없다는 걸 말이다.

아버지의 그날이 빨리 빛바래지기를 바라는 마음, 간절하다.

엄마가 늙었다

일흔의 중반일 때 동네 청년회장을 역임했던 올해 88세 된 아버지는 동네 유일한 청일점이다. 아직도 87세 된 엄마는 아버지 밥을 하고 막걸리를 빚는다. 아버지가 없는 세상은 생각도 하기 싫은데 엄마가 고생하는 것은 싫다.

쌀 한 톨 안 나는 깡촌에서 잡곡밥 안 먹는 아들놈들을 위해 엄마는 정수리가 편평해지도록 쌀을 이고 재를 올랐다. 아버지는 잡곡밥과 칼국수를 좋아하는 나를 예뻐하셨다. 아들들은 하나같이 잡곡밥도 칼국수도 싫어했다. 음식과 체격이 관련이 있는 듯, 나는 당시의 여자 평균보다는 체격이 자랐고 아들들은 평균보다 안 자랐으니까.

엄마는 자식들에게 지극정성이었다. 특히 맏아들인 오빠에게 그랬던 것 같다. 어릴 때 또래보다 많이 작았던 오빠는 늘 엄마의 보호 아래 있었다. 오빠 밥그릇 바닥엔 동생들이 눈치채지 못하도록 계란푸라이가 깔려 있었고 잡곡밥을 할 때엔 잡곡이 섞이지 않도록 구석에 쌀을 안치고 오빠 밥을 뜰 때에 혹시 섞여 들어가는 소량의 잡곡까지 골라내었다.

오일장에 가서 참외를 사 와도 우리는 맛만 보고 모두 오빠 차지였다. 학교에서 오빠는 왕초가 된 눈이 새까맣고 사납게 생긴 덩치 큰 친구에게 늘 괴롭힘을 당하여 엄마가 학교로 출석을 자주 하였다. 늘 폭력을 행사하는 그 사람은 반 아이들 모두의 위에서 군림하였지만 학교로 찾아가서 요절을 내는 사람은 우리 엄마가 유일했다. 요즘 같으면 학교폭력이니 뭐니 하여 문제가 됐을 테지만 당시에는 이런 일이 다반사였다. 엄마는 운동장에서 그 아이를 찾아서 고래고래 학교가 떠나가라고 욕을 하면서 소리를 질렀다. 몇 번 그랬을 것이다. 그 후로는 오빠가 괴롭힘을 당하는 일이 없어졌다.

엄마가 전날 장에서 빨간 점퍼를 사왔다. 나는 금방 사온 빨간 점퍼를 입고 며칠째 내린 눈으로 온 세상이 하얀 밖에서 놀았다. 그러다가 수챗물을 모아놓은 커다란 통이 얼었길래 그 위에서 빨간 장화를 신고 놀았다. 그런데 그만 얼음이 깨져버려 내가 퐁당 빠지고 말았다. 어린 나이에도 이것은 엄마에게 혼날 일임을 직감하고 미리 울어버렸다.

엄마는 점퍼가 소 오줌에 흠뻑 젖은 걸 보자 너무 화가 나고 어이가 없었는지 나를 번쩍 들어 내던져 버렸다. 눈이 며칠 전부터 엄청 온 데다가 추운 날씨로 굳어 버려 얼음처럼 미끄러운 경사진 밭에 나를 내던졌는데 나는 하염없이 굴러갔다. 내 기억은 거기까지다. 네댓 살도 안 됐을 땐데 어떻게 기억을 하는지 아직도 신통하다고 엄마는 미안한 기색도 없이 너털웃음을 웃는다.

그 시골에서 엄마는 장날마다 20리도 더 되는 길을 곡식을 이고 가서

장을 봐서 딸의 옷을 샀다. 몇 장 안 되는 어릴 적 사진을 보면 하얀 블라우스에 어깨에 줄이 간 치마를 입고 있었다. 아들을 좋아하는 엄마는 셋이나 되는 아들에 안심을 하고는 그래도 고명딸이라고 이쁘게 치장을 해서 내보냈던 것이다.

나는 엄마가 걸어다니는 것을 본 적이 별로 없다. 늘 뛰어다녔다. 엄마는 운동회날이면 엄마 달리기 대회에 꼭 나갔는데 물론 1등을 했다. 그것도 2등과의 차이가 거의 반 바퀴나 났던 걸로 기억한다. 그래서인지 자식들도 달리기를 다 잘했다. 지금도 '아이고 다리야!' 하지만 나보다 잘 걷는다. 이제는 죽어도 여한이 없다고는 하지만, 누가 저 산등성이까지 가장 먼저 오르나 내기를 한다면 여전히 엄마는 누구보다 빠를 것이다.

엄마가 전화가 없다. 설 지난 지 일주일이나 지났는데.

지금까지 이런 일은 없었다. 엄마는 지금껏 단 한 번도 자식들이 주는 돈을 흔쾌히 받은 적이 없다. 부모가 되어 자식에게 손 내밀어 돈을 받는 일은 부끄럽다고 여긴다. 그래서 용돈 한 번 드릴라치면 밀고 당기고 거의 싸움 수준으로 겨우 쥐어주고는 얼른 차에 올라탔는데 엄마는 다음 날 우리 집에 오신다. 그리고는 내가 드린 돈의 곱을 놓고 가신다. 그 후로 궁여지책으로 서랍에 숨겨놓고 왔다. 와서 며칠 지난 후 전화로 알려드리고 제발 가져오지 말고 맛난 거 사 먹으라고 통사정을 했더니 다음부터 그러지 않겠다는 다짐을 받고 받아들였다. 이 방법이 통한 걸 알게 되니 그 후론 줄곧 이 방법을 썼는데….

엄마는 명절이나 내가 다녀간 다음 날이면 어김없이 전화를 하신다. "내가 뭘 찾느라고 서랍을 열었더니, 글쎄 웬 봉투가 있더라. 이게 뭔고 하고 열어보았더니 돈이 들었더라. 네가 넣어 놓고 갔제?" 하고 늘 똑같은 말을 하신다. 그 모습이 눈앞에 그려져 나는 번번이 박장대소한다. 고로 내가 다녀간 다음에는 으레 그 서랍을 열어보시는 것이다. 그러고는 '아를 서이나 키우면서 한 푼이 아쉬울 텐데 친정에까지 돈을 쓰면 어쩌냐. 사위를 뭔 낯으로 보라고!' 하고 야단을 친다. 다행히 다시 가지고 오는 일은 없다. 그렇게 벌써 오랜 시간이 흘렀다.

그런데 엄마가 일주일이나 지났는데 전화가 없다. 용돈이 적어서 골이 났나. 너무 깊이 숨겨 놓았나. 하루를 더 고민하다가 전화를 했다. 엄마는 서랍을 열지 않았던 것이다. 엄마는 내가 서랍에 봉투를 넣어 놓는다는 사실 자체를 생소해했다. 그러냐고 하더니 잠시 후 못 찾겠다고 했다. 한결같이 같은 장소에 놓은 봉투를 못 찾을 만큼 엄마는 늙어 버린 것이다. 총기라면 알아주던 우리 엄마가, 젊었을 때는 동네 사람들 생일, 제삿날은 당연하고 동네 개가 새끼 낳은 날까지 알던 엄마가, 불과 작년까지 사위 생일까지 챙기던 엄마가, 올해는 정작 사위 환갑이었는데 전화조차 없었다. 엄마도 이제 내려놓는 연습을 하나 보다.

"엄마, 그 돈 꺼내서 아버지랑 맛있는 거 사 먹어."

엄마가 없으면 온전히 아버지는 가까이 있는 딸인 내 차지가 될 텐데 엄마는 나에게 어떤 짐도 지우기를 싫어한다. 엄마는 나를 위해 사는 것 같다. 모든 게 귀찮아서 죽고 싶다고 노래를 하다가도 밤에 잘 때 문단속 하는 걸 보면 3대 거짓말은 진실인가 싶기도 하지만 엄마는 온전히 우리 가족을 위해 이 세상에 온 것임은 부인할 수 없다. 그러지 않으면 아버지를 왜 만났고, 그 별난 아버지랑 어떻게 70년을 살아왔고, 그 첩첩산중에서 자식들을 심부름 하나 안 시키면서 키웠고 지금까지 지아비 밥을 해서 바치냐고.

전생이 있다면 엄마는 분명 우리 가족에게 큰 죄를 지었고 그걸 이생에서 갚고 있음이리라. 지금껏 충분히 갚았으니 이제는 쉬셔도 된다고, 이제는 건강하게 오래 사시라고 말하면서도 짠한 마음 누를 길 없다.

휴대폰 분실기

휴대폰을 분실했다. 정황상 집 안에 있어야 하는데 이 잡듯이 뒤져도 없다. 무음으로 해 놨으면 무궁무진한 희망이라도 있지 안타깝게도 난 기계치라 스마트폰을 받을 때 큰애가 설정해 놓은 그 상태에서 어느 기능 하나 추가하거나 삭제한 일이 없으니 이마저 희망이 없다.

당장 휴대폰이 없으니 일이 진행되지를 않는다. 모든 일은 전화로 시작된다. 그런데 전화번호를 아는 것은 불과 매일 전화를 하는 친구 두어 명과 참새 방앗간 식으로 들르는 슈퍼밖에 없다. 전화기 하나 없다고 시간이 정지될 줄이야.

슈퍼에 가서 늘 모이는 이웃들에게 말했더니 냉장고와 냉동실을 확인하라는 것, 쓰레기봉투를 뒤져보라는 충고를 했다. 물론 차 안을 샅샅이 살펴보라는 말도 잊지 않았다. 하지만 그것은 슈퍼에 가기 전에 몇 번이나 살폈으며 꼼꼼하기로 둘째 가라면 서러워 할 나의 남편이 역시 여러 번 점검한 사항이다. 첫날엔 그래도 어딘가에 있을 것이라는 기대가 있었다. 다음날에 나오겠지…. 벨이 유순하게 잘 가고 있었다.

이튿날이 되자 내가 단순히 잃어버린 것이 아니라 누군가 가지고 있을지도 모른다는 생각에 불안감이 엄습해왔다. 스마트폰은 컴퓨터다. 나의 모든 정보가 들어 있다. 비밀번호도 걸어놓지 않은 그 안에는 몇백의 전화번호와 중요한 메시지, 하필 잃어버리기 전전날 남편이(거실에서 안방으로) 카톡으로 보내 준, 그것도 유래 없이 처음으로 보내 준, 그러나 유감스럽게도 미처 열지도 못한 야동 세트, 하물며 자동 로그인이 된 이메일까지 들어 있다.

생각이 이쯤에 이르자 우울해졌다. 하지만 침울해 있는다고 해결될 일이 아니라는 생각에서 우선 보관되어 있는 수백 쪽의 이메일 송수신 기록을 삭제하고 분실신고를 했다. 그리고 통신사 대리점에 가서 통화 기록을 조회했는데 잃어버린 날부터 지금까지 통화나 메시지의 기록이 없었다. 그렇다면 누군가 주워서 있을 확률은 조금 낮아진다. 그러나 대리점 직원의 말을 빌리면 주워서 사용하지도 처리하지도 않은 채 가지고 있는 사람도 있다고 했다. 머리가 아뜩해졌다. 다음 날도 그 다음 날도 가득 충전된 휴대폰은 신호가 잘 가고 있었다. 누군가라도 받아 주었으면 좋겠지만 족히 닷새 동안 집 전화만으로도 백 번은 울렸을 전화를 받는 사람은 없었다. 닷새를 기점으로 전원이 끊겼다는 멘트가 나와 사용 정지 신고를 했다.

기억을 더듬어 보았다. 그날 아침 새벽기도를 나서면서 들고 나갔다. 왜냐하면 남편이 출장 중이고 막둥이 혼자 집에서 자고 있었는데 혹시 깨어 엄마가 없는 걸 알고 놀랄까 봐서였다. 놀란 아이가 엄마한테 전화할지도 모른다는 생각에 항상 들고 나간다. 그런데 슈퍼 앞에서 교회 차를 기다리는데 양말이 자꾸 벗겨지기에 보니 양말을 뒤집어 신고 있었다. 그래서 주차해 놓은 차 사이로 가서 전화기를 내려놓고 양말을 고쳐 신었던 기억까지는 있었다. 전화기에 대한 기억은 여기까지가 전부다.

그렇다면 내가 전화기를 주워 들지 않고 교회 차를 탔다는 것인데, 새벽기도는 교회 비치용 성경책을 쓰므로 다른 짐이 있었던 것도 아니고 전화기가 내 손에 없었다면 허전했을 것인데 전혀 느끼지 못했다는 것이다. 그리고 기도 중에 가끔 시간을 보려고 폰을 켜지만 그날은 기도에 너무 빠져 있어 시간 가는 줄을 몰랐다. 그래서 폰을 본 기억도 없다. 그리고는 집에 와서 한잠을 더 자고 일어난 시간이 너무 늦어 바로 일을 나갔다. 나가면서 잠시 핸드폰을 찾았으나 보이지 않아 가방 속에 넣었나보다 하며 그냥 집을 나섰다. 그리고 전화기가 없는 것을 확인한 게 11시 30분이다.

그렇다면 내가 전화기를 내려놓은 것을 기억하는 그곳이 분실장소로 유력하다. 전화기를 내려놓은 방향이 주차된 차의 운전자가 쉽게 발견할 수 있는 곳이다. 주차된 차의 그 어떤 모습도 기억할 수 없지만 그 차의 운전자는 내가 사는 동네 사람일 가능성이 높다. 우리 동네에 주민의 잃어버린 핸드폰을 주워서 어떻게 할 사람은 없다고 믿는다, 아직도.

오늘 차를 집에 둔 채 외출했다가 늦은 시각 버스를 탔다. 정말 몇 년 만에 타는 버스인데 맨 뒷자리에 앉았다. 그런데 내 앞의 청년과 그 앞의 청년이 공교롭게도 내 폰과 같은 폰을 가지고 있었다. 가슴 속에서 불길이 올라오는 걸 참느라 애를 먹었다. 당장 멱살이라도 잡고 내 폰 훔친 도둑으로 낙인을 찍고 싶은 마음이었다. 하지만 다행히 침착성을 잃지 않고 차근차근 젊은이들의 얼굴을 뜯어보았다. 둘 중 아무도 남의 핸드폰을 주워서 케이스를 바꿔 씌우고 태연하게 톡을 하고 있을 청년들로는 보이지 않았다. 잃은 사람이 죄인이라고 생각하자 가슴이 먹먹해지면서 또다시 우울해졌다.

나는 전화기 큰 것이 싫다. 딱 내 폰, 작은 나의 아이폰이 좋다. 필리핀 새댁 미나에게 잃어버린 핸드폰 이야기를 했다. 미나는 중고시장에서도 아이폰은 고가에 팔린다며 지금쯤 필리핀에 내 핸드폰이 있을지도 모른다고 했다. 또 슬퍼졌다.

핸드폰 없이 두 주일이 지났다. 멀리서 친구가 집으로 전화를 해왔다. 핸드폰 없이 어찌 사냐고 하기에 세상에 그지없이 편하다고 했더니 너를 찾는 사람들은 속이 터지는 걸 모르냐고 고래고래 소리 지른다.

그지없이 편한 것이 아니라 무기력 상태가 되었다. 당장 사무실에서 비상 연락이 닿지 않아 업무 전달에 애로가 있다. 그리고 형제자매들, 친구들, 중요한 정보를 주고받는 곳과도 소통 두절이다.

시름에 젖어있는 내게 남편이 말한다. 평소에 남에게 어떻게 했는지 반성해 볼 기회라며 남에게 베풂의 삶을 살았다면 핸드폰이 돌아올 것이나 그 반대라면 핸드폰은 돌아오지 않을 것이라고 했다. '남편은 남의 편이라더니 이 사람이 정녕 내 남편이 맞나…?' 딱 미쳐버리고 싶은 심정, 환장하고 싶은 마음이 이때라면 표현이 지나칠까.

지금까지 내가 지은 죄를 열거하라면 그 끝을 알 수 없는 것은 사실이다. 그러나 얼마 전까지는 열심히 기도하여 그 죄를 다 사함 받았다. 그렇다면 최근 며칠 사이에 지은 죄가 문제인데 돌이켜 보건대 그렇게 죄라고 느껴지는 것은 딱히 생각나지 않았다. 나이값 못하는 언니뻘 되는 이의 흉을 본 일, 휴가 왔다고 전화 온 막내시누이에게 바쁘다는 핑계를 대고 시댁에 나가지 않은 일, 올해 대학 졸업하고 취업 준비를 하는 딸아이의 안부를 묻는 이에게 진작 취직을 했다고 생각하도록 얼버무린 일, 남편 회사 동료 가족 동반 모임에서 '술은 먹어 본 적이 없으며 먹을 줄도 모른다'고 너스레를 떤 일 등이 생각난다.

그러나 엊그제 청소하다가 발견한 작은 거미를 밖으로 내 보내 준 일, 백내장 수술을 한 남편의 머리를 2주간 아침저녁으로 정성을 다해 감겨준 일, 새벽기도 시간에 남편상을 당한 동료를 위해 핸드폰을 잃어버린 것조차도 의식하지 못할 만큼 기도에 몰두한 일은 앞의 죄를 상쇄시킬 수 있는 이유가 될 수도 있다고 생각한다.

그러나 남편의 말에 대한 결과로 보자면 죄가 더 큰가 보다. 어쨌거나 졸지에 인생 막 산 사람이 되어 어디다 핸드폰 잃어버렸다는 말도 못 하고 벙어리 냉가슴 앓듯 그렇게 살아야 할까 보다.

'욕심'과 '꿈' 사이

몇 년 전 미술치료 교육을 받은 적이 있다. 강사가 집과 나무와 사람(HTP검사)을 그리라고 했는데 내 그림을 본 강사가 이런 말을 했다.

"선생님은 할 일이 참 많으시군요. 아직까지 이루지 못한, 꼭 이루어내야 할 그 일은 무엇일까요?"

"아, 그런가요…."

강사는 집과 나무와 사람은 주변에서 가장 쉽게 만날 수 있는 기초적인 교감의 대상들인데 이들을 어떤 방식으로 어떻게 표현하는가에 따라 그리는 사람의 심리를 알 수 있다고 했다. 다시 말해 내면 세상으로 외부 세계를 읽을 수 있다는 것이다.

그러고 보면 나는 어렸을 때부터 집을 그릴 때 항상 계단을 통해 집 안으로 들어가는 그림을 그렸다. 5-7칸 정도의 계단을 그리고 난 다음 현관문을 그렸다. 그래서 내 집은 항상 평지보다는 위에 있었다. 그것이 습관이 되어 지금까지도 미술에 조회가 전혀 없음에도 집을 그리는 것은 공식이 되어 있었고 여기에 첨가하여 굴뚝도 빼지 않고 그려왔다.

다음으로 나무를 그렸는데 나무 역시 강사의 관심을 받기에 충분했다. 큰 둥치와 잎이 무성한 나무에 과일이 주렁주렁 달린 것은 그림에 문외한인 대부분 사람들의 공통적인 특징이었는데 나는 여기에 사다리를 첨가하였고 사다리를 타고 올라간 가족들이 나무 위에 앉아 있는 그림을 그렸다. 내가 그린 사람 또한 특이했다. 군복을 입은 나 주위에 작은 사람들을 그렸다.

HTP 검사로 본 나의 심리는 한마디로 현실에 만족하지 못하는 '이상에로의 추구'였다. 계단과 사다리는 만족한 안식을 위해 거쳐야 할 '일'이며, 군복은 주목받고 싶다는 의미로 해석하고 있었다. 물론 내 그림에 대해 태클을 거는 사람은 아무도 없었지만, 다른 교육생들 중 계단이나 사다리나 군인을 그린 이 또한 없었다. 강사는 나의 그림으로 본 나의 성향은 일을 이루고 나서도 또 다른 일을 추구할 것이라고 했다.

성격과 성향은 타고 나는 것인지 후천적인 것인지 반반인 것인지는 확신할 수 없지만 나는 마음이 편한 적보다는 늘 조바심 속에서 살아왔던 것 같다. 한 가지 일을 마치면 또 다른 일을 해야 하는 성격이다. 일을 이루어 냈을 때의 성취감은 아주 잠깐이다. 뭔가 또 시작해야 한다. 이것은 나 개인적인 일일 수도 있고 가정사일 수도 있고 소소한 주말농장 일일 수도 있다. 이런 성향의 엄마를 만난 내 아이들이 얼마나 힘들게 자랐을까 생각해 보면 미안하기도 하고 측은하기도 하다. 따스한 엄마의 정보다는 '너희들의 미래'를 위해서는 '지금 이렇게 있으면 안 되지.' 였다.

주위에서는 나를 보고 바쁘게 산다, 평범한 일상이 가장 소중한 것이며 누구보다 그런 일상을 이루고 사는데 뭘 더 욕심을 부리느냐고도 한다. '욕심'이라고 했다. 미술치료 교육을 하던 강사도 나에게 욕심이 많다는 말을 에둘러 했을지도 모른다. 그리고 나도 쭉 욕심인 줄 알았다. 김동길 박사의 얘기를 접하기 전까지는.

어느 일요일 아침, TV 채널을 돌리다가 흰 콧수염의 김동길 박사가 하는 얘기에 내 귀가 머물렀다. 프로그램의 말미였다는 것이 아쉬웠는데 한마디, 김동길 박사는 '욕심'과 '꿈'은 분명 다르다고 했다. 그 말을 듣는 순간 "아!" 나도 모르게 신대륙을 발견한 자의 탄성을 질렀다. 스스로도 욕심이라고 생각했던 어떤 것, 다시 말해 내가 그린 계단과 사다리는 김동길 박사로 하여 더 이상 욕심이 아닐 수도 있는 것이다. 또한 주위에서 나를 향해 욕심이라고 하는 어떤 것 역시 욕심이 아닐지도 모른다.

내가 왜 바쁘게 살아야 하는지 굳이 변명한다면 '철이 늦게 든 탓'이라고 할 수 있다. 평범하게 사는 것이 최고의 행복이라는 것에 의문을 제기하면서 철이 들기 시작했고 그때는 다소 시기가 늦어 있었다. '늦었다고 생각할 때가 제일 빠른 때'라는 말은 분명 진리지만 펜을 놓은 긴 공백을 메우기엔 현실이 녹록치 않았다. 주부이기만 한 삶이 충분히 의미가 있다고 자위하면서도 이상에로의 '가능성'에 대한 미련을 버리지 못한 채 현실과도 타협하지 않는 생활이 지금까지 되풀이되고 있음을 부인할 수 없다.

언젠가 사업을 하는 동생이 힘들다고 메일을 보내왔다. 그리고 열심히 하는데도 힘이 드는 것에는 '팔자소관'이지 않느냐고 했다. 그리고는 '누나 인생은 그래도 평년작 이상인 것 같다'고 했다. 풋! 하고 웃었지만 곰곰이 생각해 보면 전혀 근거가 없는 말은 아니다. 누구보다 한 성깔했던 나는 고요한 남편을 만나면서 남편의 고요 속으로 흡수되었고 아이 셋을 키우면서 도인(?)의 경지에 올랐다고 믿는다. 늘 배움을 강조하는 남편은 자식이나 아내가 공부한다면 항상 후원자가 되어 주고 있는데 특히 아내인 나에게는 유효기간도 없는 영원한 진행형이다.

하고 싶은 일을 하고 배우고 싶은 것을 배우고 사는 데는 같이 사는 배우자의 배려가 있어야 하는 것을 동생은 인정하는 것이며 자신은 또한 가장으로 그러하지 못하는 현실에 갑갑함을 드러낸 것이다. 그리고는 잠시나마 팔자소관이라 스스로를 격려하는 것이리라. 그렇지만 나는 안다. 내 동생은 팔자소관으로 자신의 인생을 치부하지 않는다는 것을. 분명 운명은 있다. 하지만 자신의 운명이 마음에 들지 않으면 바꿔야 한다. 노력하는 자 앞에서는 운명도 두 손을 든다. 아마 동생은 운명이 마음에 들지 않으면 하다못해 나폴레옹처럼 손금이라도 다시 파는 노력을 할 것이다.

'욕심'과 '꿈' 사이에서 지조없이 흔들렸던 나의 가능성은 오랜 재판결과 비로소 '꿈'이라는 김동길 박사의 판결이 나왔다. 욕심이라는 다수의 예상을 뒤엎은 것이다. 더불어 나는 '대중과 다른 자신에 대한 두려움을 극복하고 그 판단을 확신하려는 시도'부터가 당면과제라는 획기적인 생각에까지 이른다. 참으로 내 인생은 아직도 가야 할 길이 먼, 첩첩산중인 것일까.

밥 잘 사주던 예쁜 누나

10여 년 전 설날이었다. 세배를 마치고 방문객이 뜸해졌을 때 막내 시동생이 쭈뼛거리며 다가왔다. 숫기 없기로 둘째가라면 서러워할 시동생이 어렵게 입을 연 즉,

"형수님, 여자가 나이가 더 많으면 안 되지요?"

"삼촌, 여자 있구나. 연상이에요? 에이, 괜찮아요. 큰아주버님도 형님이 한 살 많으시잖아요. 요즘 또 연상이 대세던데요?."

"한 살이 아닙니다."

"그럼 두 살? 두 살도 괜찮아요. 한 살이나 두 살이나."

"더 많습니다."

"세… 살?"

"……."

"아니, 그도 아니면 얼마나 더 많기에…. 그런데 미혼이… 맞긴 하지요? 혹시, 삼촌…"

말수 없는 시동생이 어렵게 꺼낸 대화는 더 진전되지 못했다. 걱정되었다. 여자한테 먼저 말을 걸기는 고사하고 여자가 걸어온 말에 대답도

못 하는 시동생이 한참이나 연상인 여인과 사귀다니.

설 연휴가 지나고 시동생에게 전화를 걸었다. 혹시 잘못된 사랑일 수도 있으며 그렇다면 더 늦기 전에 형수로서 도와주고 싶었다. 그게 아니라면 도대체 몇 살이나 연상인지 알고도 싶었다. 시동생은 한참이나 뜸을 들인 후, 다섯 살 연상이며 군대를 다녀와 복학하니 푸근한 인상의 누나가 따뜻하게 자신을 대해주었다고 했다. 집안이 넉넉지 않았던 시동생은 누나에게 의지하며 줄곧 점심을 얻어먹고 누나가 해주는 과제물로 A+를 지켜 장학금을 받으며 학교를 졸업했다. 그리고 10년 정도를 연락 없이 지내다가 우연히 조카들하고 63빌딩 구경을 갔다가 역시 조카들하고 그곳에 온, 밥 잘 사주던 누나와 재회한 것이다.

자신의 연애담에 빠져있던 들뜬 목소리의 시동생은 녹록지 않은 현실을 의식했는지 다시 초조한 음성으로 바뀌었다. 결혼하고 싶은데 집안에서 부모님이 반대하실 것 같아 두렵다고 했다. 나는 우선 며칠을 고민하다가 시어머니께 넌지시 말씀드렸다.

"어머니, 삼촌이 나이 많은 아가씨를 데려오면 어쩌시겠어요?"

"많으면 어떠냐. 네 맏형도 신랑보다 한 살 많지 않으냐. 요즘 여자가 한두 살 많은 사람도 많더구나."

"더 많으면요?"

"더 많다더냐, 얼마나? 세 살 많다던? 글쎄, 좀 그렇긴 해도 저들이 좋다면야…."

"더 많으면요?"

"그보다 더? 아니, 얼마나… 더?"

희한하게 시어머니와의 대화도 딱 거기까지였다.

며칠 후 시댁에 갔더니 아버님, 어머님의 얼굴에 근심이 드리워져 있었다. 내외분이 고민하셨던가 보다. 먼 산을 바라보고 계시던 아버님이 내게 물으셨다.

"얘야, 마흔이 가깝도록 혼인하지 않은 여자도 있더냐?"

"그럼요, 아버님. 도시에는 많아요. 요즘은 일찍 결혼하는 사람들이 외려 적어요."

"그러냐…"

"네, 아버님. 삼촌을 믿으세요."

그러나 부모님의 걱정은 며느릿감을 보는 순간 봄눈 녹듯 사라졌다. 부드러운 인상에 큰 키, 감각 있는 옷차림, 자신감이 넘치면서도 몸에 밴 예절 등 어느 모로 보나 정신적·육체적으로 시동생보다 넉넉했고 여기에 물질적 요소까지 더하여 자줏빛 외제 승용차를 몰고 시집을 왔다.

"아이고, 며느릿감이 인물이 훤하네. 아주 달덩이야."

"신랑이 꼭 동생 같네."

"하긴 신랑이 숫기가 너무 없어서 각시라도 서글서글해야지."

"아무래도 신랑이 밀리겠는걸."

칭찬과 우려가 어우러진 결혼식장에서 동서의 볼은 이제 막 동해바다에서 빠져나온 해처럼 붉었다.

딱 결혼식 날까지였다. 그 후의 반전은 누구도 예상하지 못했었다. 누나를 간절히 부르며 누나의 용돈 상당 부분을 축내던 X 동생은 결혼식과 동시에 과거를 잊어버린 듯 누나 위에 군림하기 시작했고 경제권까지 움켜잡은 채 가장(家長) 일에 충실하고 있다. 더욱 놀라운 것은 동서가, 불과 몇 개월 전까지 도련님의 누나였던 동서가 꼼짝 못 한 채 꼬리를 내리고 산다는.

전세(戰勢)가 바뀔 만도 하지만 10년이 지난 지금도 그 가정은 그러고 산다. 기이한 것은 삼촌네가 행복해 보인다는 것이다. 말 그대로 떡두꺼비 같은 아들 녀석들은 제 부모를 반반씩 닮아 인물 출중하고 명절에 온 가족이 모이면 삼촌네는 누가 먼저랄 것도 없이 아예 저들만의 가족 콘서트를 하여 대가족을 즐겁게 한다. 가끔은 윗동서인 내게 하소연하지만 애정 전선에 문제가 있어 보이지는 않는다. 이럴 때 '처복(妻福)을 운운하나 보다.'라고 나 혼자 읊조려 본다.

눈치 약이 필요해

김성단 님: "선생님, 학습관에 꽃이 활짝 피었지요?"

나: "벌써요? 어디…요? 난 못 봤는데?"

김영숙 님: "쭈욱 꽃 핀 거 못 보셨어요? 향기도 아주 진하던데요?"

나: "아! 제가 정서가 메말랐나 봐요. 꽃도 못 보고…"

강경자 님: "우리 선생님, 약 드셔야겠네요"

김금옥 님: "에이, 그 약은 병원에도 없고, 약국에도 없어."

김선자 님: "맞아, 5월 단오장에만 팔아."

나 빼고 모두: "하하하하하하하"

나에게 필요한 그 약은 바로 '눈치 약'이었다.

특별한 옷도 아니고 긴 겨울 움츠리고 산 것이 못마땅하여 분홍색 셔츠 하나 입었을 뿐인데 우리 학습자들이 '선생님 이쁘다'고 말씀들을 토스하시며 눈치 없는 나를 놀리신다. 연륜이라는 것이 그냥 생긴 말이 아니라는 생각이 들었다. 어떻게 서로 짠 것처럼 교실 끝에서 한 분이 말씀하시면 또 저 앞에서 받고 또 반대쪽에서 다음 말을 하실까. 두고 두고 신기해서 몇 년이 지난 지금도 빙그레 웃음이 난다.

9년 차인 나보다 더 오래된 학습자들이 절반 이상이신데 이구동성으로 입을 모으는 것은 아직도 '학교에 나가는 날은 일찍 눈이 떠진다'는 것이다. 청일점 하나 없는 교실에, 그것도 오후에 있는 수업을 나가기 위해 새벽에 일어나 자신도 모르는 사이에 콧노래를 흥얼거리며 화장을 하고 있더라신다. 하루는 서류 정리를 하려고 한 시간을 빨리 나갔더니 세상에, 모두 나와 계신다. 미안한 생각에 가끔 미리 나가서 수업을 했더니 아뿔싸! 이분들은 그로부터 또 한 시간 더 빨리 나오시는 것이다. 오후 2시에 시작하는 수업을 위해 12시에 나오시는 분들도 계신다. 차 편이 없으신가 했더니 그것도 아니었다. 딸이 태워준다고 하시며 더 일찍도 나오고 싶은데 교실이 비지 않아 아쉽다고 하신다.

친구들을 만나 이야기를 하며 예습과 복습을 하다 보면 시간이 언제 가는지 모른다며 즐거워하신다. 아주 가끔은 소녀처럼 다투기도 하신다. 선생이 눈치를 못 채게 하려고 하지만 교실을 들어설 때의 썰렁한 공기까지는 어쩌지 못하신 듯한데 그럴 때에는 나도 애써 묻지는 않는다. 다만 역지사지의 경우를 들어 화해를 도와드리고 동물 시리즈로 코믹한 분위기를 만들면 이내 풀어지신다. 그리고 저녁에 반장님께 전화를 드려 상황을 듣고 앞으로의 교육에 참고로 한다. 내가 주로 써먹는 이야기는 '참새 이야기'와 '소뿔 이야기'인데 소개하면 다음과 같다.

"어느 날 참새가 날아가다가 똥을 쌌어요. 하필 대머리 아저씨의 머리에 떨어졌지요. 아저씨는 화가 나서 참새를 향해 소리쳤어요. '야,

너는 빤쓰도 안 입고 다니냐?' 그랬더니 참새가 뭐라고 대답했을까요?"

"정랑에 가서 눠라", "더럽다, 이놈아."

"다 땡입니다. 참새가 말했어요. 너는 똥 눌 때 빤쓰 입고 누냐?"

"와하하하. 맞네, 맞아. 참새가 우리보다 머리가 좋네"

"소뿔 이야기입니다. 예전에 농촌에서는 다 소를 키웠지요. 밭도 갈고, 팔아서 아들 등록금으로도 사용하고. 소가 큰 재산이었는데 소를 노리는 도둑도 많았답니다. 소도둑이 소를 훔쳐 장에 팔려고 나왔어요. 식구처럼 키워 온 소지만 소 주인도 자신의 소를 알아보지 못하게 소도둑은 조치를 취하였어요. 어떻게 했을까요?"

"웬만하면 다 자기 소는 알아보는데, 어떻게 했길래?."

"소는 개하고 달라서 주인을 알아보지도 못할 텐데 큰일이네."

"자기 소는 뿔의 모양으로 알아본답니다. 소도둑은 훔친 소의 뿔을 식초에 담근 큰 수건으로 동여 놓는답니다. 그리고 장에 내다 팔 때 소의 뿔을 반대로 휘어놓는대요. 식초에 며칠 절인 뿔은 아주 부드러워져서 어떤 모양으로도 다시 만들 수 있다고 합니다. 그러면 자기 소를 바로 앞에 두고도 아니라고 하지요."

"세상에, 그런 벼락을 맞을 놈들이 있나!"

"그러고도 후손이 잘되기를 바랄까."

몇 번 우려먹은 이야기인데도 매번 기억을 못 하시다가 어느 순간 한두 분 기억을 하기 시작하면 다른 이야기를 발굴해야 한다.

우리 반 학습자들은 선생인 내가 하는 실수를 가장 좋아하신다. 어쩌다가 글자를 잘못 쓰거나 일자를 헛갈려 쓰면 그다지 웃을 일도 아닌데도 박장대소를 하신다. 그리고 이구동성으로 "선생님도 실수를 할 때가 있는데 우리는 오죽하겠느냐"고 위안을 받으신다. 평소 발표를 시키면 우물쭈물하시던 분들까지 이때만큼은 한 분도 빠짐없이 입을 모으신다. 그래서 가끔은 다운되는 수업 분위기의 전환을 위해 실수를 유발하기도 한다.

지난주 수업 시간에 있었던 일이다. 경복궁 복원 시에 발견된 화장실을 소개하며 지금의 양변기까지 화장실의 변천사를 수업하는데 맨 앞에 앉으신 춘자 님이 "아이고, 이거 수업할라고 오늘 밤 꿈이 그랬구나!" 하셨다. 밤새도록 이 화장실 저 화장실을 다니다가 심지어는 똥 밭에 구르기까지 하셨다고 하여 또 교실은 웃음바다가 되었고, 모두들 자신이 꾸었던 똥 꿈 이야기에, 아는 '똥 꿈' 해몽을 경쟁하셨다.

작년 우리 반은 다른 해보다 좋은 성과를 내었다. 세 분이 전국성인문해학습자 시화전에서 큰 상을 받았기 때문이다. 교육부장관상을 받으신 분은 남편이 지병으로 돌아가시고 매일을 울면서 지내시던 차에 시화전에 참여하게 되었고, 금슬 좋았던 아내의 망부(亡夫)의 마음을 표현하셨는데 아직도 매일 밤 시화를 보고 우신다고 하여 가슴이 아프다.

언제나 느끼는 고민은 이분들에게 자신감을 찾아드리는 방법이다. 글자도 잘 읽으시고 곧잘 쓰시면서도 본인이 쓰는 문구에 확신이 없으셔서 꼭 선생에게 확인을 받으려고 하신다. 대학생도 글자 틀리는데 우리도 조금 틀려도 괜찮다고 말씀드려도 고개를 흔드신다. 어린 시절, 가뭄에 나는 콩처럼 학교에 1년이라도 적을 두어본 분과 전혀 학교에 다니지 않은 분들은 자신감 차이가 엄청나다는 것 또한 놀랄 일이다. '학교'는 이분들께는 신의 영역과 같은 존재인 것이다.

작년엔 오래 함께한 우리 학습자들께 초등학교를 졸업시켜 드렸다. 졸업장(초등학력인정)을 받으시고 감격해하시던 모습을 잊을 수가 없다. 졸업을 하셔도 심화 과정으로 계속 공부하시는 중인데 옆 반에서 수업받으시는 후배들을 바라보는 눈빛에서 '선배님'의 여유까지 느껴진다.

매번 느끼는 것은 우리 학습자들의 인물이다. 선생인 내가 인물에 자신이 없어서인지 어느 순간 사람을 대하면 인물부터 뜯어보는 버릇이 생겼는데 정말 우리 학습자들 한 분 한 분 인물이 출중하셔서 진심 존경스럽다. 그럼에도 '우리 선생님이 누구보다 제일 이쁘다'고 하시는 말씀을 들으면 인사로 하시는 말씀인데도, 이상하게 진심이 더 많이 포함되었다는 착각에 빠진다. 분명 진심일 것이다. 이분들은 인물이 좋은 것은, 한글로 표현하고 싶은 모든 것을 표현하는 것에 비하면 아주 쓸모없는 것이라고 여기신다. 어릴 때부터 사는 게 고생이어서 자신의 인물을 두 눈 크게 뜨고 본 적 없다는 말씀을 들으며 나는 죄송한 마음이 들기도 한다. 정말 제 때에 공부하셔서 사회생활까지 하셨다면 지금쯤 어떤 분야의 전문가가 되어 있을 분들이라는 생각이 든 적이 한두 번이 아니다. 세월의 흐름으로 인지능력이 저하되고 잊음이 심하여 욕심을 낼 수 없음이 안타까울 뿐이다.

매번 뿌듯한 것 같으면서도 아쉬운 수업이 끝나면 이분들의 욕구를 충족시키지 못한 미안한 마음과 함께 다음 시간에는 더 잘해야겠다는 다짐을 한다. '내 인생에 선생님은 선생님이 처음이다'는 그 말씀에 오늘도 매무새를 가다듬는다.

제 4 부

10분의 풍경

변명 - 코로나19 한 달

내가 사는 동해에도 코로나 확진자가 생기기 시작했다. 지금까지는 청정지역이라 하여 자부심을 가지고 있었고 짠 바닷바람이 코로나균을 죽이는 것이라고 누군가 '논문을 썼다 카더라' 등 나름의 위안을 삼으며 모처럼 도시인과의 긍정적인 차이에 위로를 받아왔는데….

하지만 뭔가가 조마조마한 생활이었다. 청정지역이라는 이유로 도시인들이 휴가를 오니까 휴양지라고 알려진 몇 곳은 주말마다 예약이 찼고 도시에 친인척이 없는 사람은 또 몇이나 되겠는가. 세계적으로 펜데믹 현상이 된 지 오래이니 다만 간절히 바랐던 것은 내가 우리 시의 코로나19 확진자 1호는 되지 말자.

그러다가 터질 게 터졌다. 1호가 생겼다. 다행히도 시골에 사시는 분이고 친척(확진자)이 몇 시간 머물렀던지라 혼자 사시는 어르신만 옮았고 치료가 잘 끝났다는 소식을 듣게 되었다. 가슴을 쓸어내리며 몇 달간 조용했는데…. 그 후 한 명이 나오기 시작하면서 딱 한 달이 된 지금 200명을 넘어섰다.

시민은 모두 검사를 받으라고 드라이브 스루를 거쳐 보건소에 선별

진료소가 꾸려졌다. 후에 나온 1명 이후 바로 전화수업과 온라인수업으로 교체되었고 1:1 방문수업은 잠정적 중단이 되었다. 그리고 빨리 사태가 진전되기를 바랐다. 사람을 대하는 일을 하는지라 위생과 외출, 사람 만나는 것에 극도로 민감하게 대처해왔기 때문에 검사를 받지 않으면서 집에서 수업을 계속했다.

집에서 수업하는 것은 쉽지 않았다. 온라인 수업은 그래도 나았다. 결혼이주여성들이긴 해도 젊고 스마트 기기를 사용할 줄 알기 때문이다. 문제는 어르신들이다. 어르신 학습자들께 수업활동지를 만들어 우편으로 보내고 개인적으로 전화로 수업을 해야 했는데 대면일 때 3시간 수업이 열다섯 분 수업에 5시간을 넘겼다.

그러다가 보건소 앞을 지나게 되었다. 그날은 선별진료소가 한산했다. 의료인들이 한가히 거니는 모습이 보여 나도 검사를 해 볼까 하는 생각으로 진료소 쪽으로 이동했다. 의료인들은 일단은 살짝 경계하는 눈빛을 보이더니 '증상이 없지만 검사해 보러 왔다'고 하자 서두르지 않고 신상을 기록하는 서류를 주며 작성하라고 했다. 그런데, 하필 그날은 올겨울 가장 추웠던 영하 12도를 기록한 날이었다. 오래 걸었던지라 몸이 얼어 있었다. 게다가 나는 평소에도 수족이 냉하다. 꽁꽁 언 손으로 볼펜을 잡았는데 글씨가 써지지 않았다. 쥐락펴락을 몇 번 해도 마찬가지고 글씨체는 흡사 우리 반 어르신들의 필체와 전혀 다르지 않았다. 처음엔 몰랐다. 그런데 손 운동을 하다가 번쩍 뇌리를 스치는 생각에 나도 모르게 얼굴이 벌겋게 달아올랐다. 우리 학습자들이 떠올랐던 것이다.

'아, 내가 글씨를 모른다고 생각하면 어쩌지….'

한글을 배우러 나오신 나의 학습자들은 언제나 까막눈일 때의 이야기를 다투어 하신다.

"은행에 가서 돈을 찾아야 되는데 이름을 쓸 줄 알아야지. 어떻게 해. 글자를 모른다는 말은 못 하고 글씨가 잘아서 안 보인다고 대신 써달라고 했지."

누구나 입을 모으는 말씀이다. 젊었을 때부터 안 보이던 눈이 글쎄 몇 곱의 나이를 먹으니 보인다고 하시며 이제는 은행뿐 아니라 관공서에 가서도 척척 이름에 전화번호, 주소까지 삐뚤빼뚤 써 놓고 자신 있게 기다린다고 하신다. 이분들이 한글을 모르고 은행에 가셨을 때의 심정이 지금 나와 다르다면 그 크기는 작으리라.

풀리지 않는 손으로 어르신들처럼 삐뚤빼뚤 이름을 쓰고 주소를 썼다. 여전히 벌건 얼굴로, 단지 앞에 앉은 의료인이 들릴락 말락 한마디 변명 같은 사실을 이야기했을 뿐이다.

"손이 얼어서 글씨가 안 써져…."

장례식

향년 85세를 일기로 아버님이 돌아가셨다.

아들딸 9남매를 반듯하게 키워놓으시고 고생한 마나님한테 멋진 집을 지어주고 가정을 꾸리신 분으로서 모든 정리를 끝낸 후 하늘로 가셨다. 지병이 있었기 때문에 준비는 하고 있었지만 슬픔은 컸다. 아홉의 자식들은 세상을 잃은 듯 울었으나 아버님과 동갑이신 어머니는 오히려 무덤덤하시다.

"평생 사는 사람은 없어…."

자식들의 등을 쓸어주시는 손이, 다만 따스하고 고요하다.

입관을 했다. 베옷을 입으시고야 팔을 곧게 펴신 아버님은 입안 가득 쌀을 무시고 떠날 준비를 마치셨다. '아버지'의 표본을 남기신 아버님, 말씀에 어짊이 배어 있고 가족을 바라보는 눈길에 사랑이 가득했던 아버님은 평온한 모습으로 자식들을 맞으셨다. 막내딸의 흐느낌이 고요를 흔들었다.

"고인의 몸에 눈물이 떨어지면 안 됩니다. 눈이 어두워져요."

입관을 주도하는 이가 말했다.

백짓장보다 하얀 얼굴, 온기 없는 아버지의 육체에서 자식들은 손을 떼지 못했다.

"오빠, 요단강 잘 건너가시고, 다음에 천국에서 만나요."

막 교회에 나가기 시작한 고모님이 말씀하셨다.

자식들은 각자에게 온 손님을 맞느라 잠시 눈물을 거두었다.

운구가 집으로 왔다. 마을 사람들이 노제를 차려 주며 마지막 인사를 했다.

손자는 할아버지의 영정을 들고 집 구석구석을 돌며 아버님이 일구신 모든 것과의 안녕을 고했다.

아버님이 누우신 관을 대형 태극기가 감쌌다.

취토에 이어 소리를 메기며 매장꾼들이 소임을 끝내자 당신의 어머니 옆에 나란히 누운 아버님의 모습이 보였다. 할머니 옆에 누운 아버지의 모습에 막내딸이 눈물을 거두었다.

아버님께 제사를 올리고 당신 앞에서 식사를 했다. 생전에 좋아하시던 문어를 셋째딸이 뭉텅뭉텅 썰어 냈다. 좀 이쁘게 썰어…. 둘째딸이 말했다.

그렇게 아버님은 휴식에 들어가셨다.

노랑나비 한 마리가 금방 만든 무덤 주위를 천천히 돌자 자식들의 눈이 나비를 좇았다.

식사를 마치고 정리를 하는데, 오래 참았다며 비가 후두둑 떨어지기 시작했다.

집에 들어오니 어머니께서 빗물을 닦아주며 말씀하셨다.

"고생했다. 그리고 너무 애달파하지 마라. 세상에 온 사람은 누구나 다 왔던 곳으로 돌아가…."

여전히 고요한 모습이다.

콩새

설거지를 하는데 부엌으로 난 창문 밖 목련 나무에 새 몇 마리가 포르르 날아와 앉는 모습이 눈에 들어온다. 콩새다.

'조걸 잡아서 먹으면 참 맛나겠다'고 생각하다가 소스라치게 놀란다. 어떻게 보통 사람이 눈앞에 나타난 새를 보고 잡아먹을 생각을 할까. 만일 나의 아이들이 이런 상황에 나처럼 말을 했다면 아마 엄마로서 나는 큰 절망감에 빠졌을 것 같다. 아이 양육의 모든 책임을 엄마인 나에게로 돌리며 어디서부터 잘못되었을까 분석을 하다가 태교로부터인가, 나 자신의 인성 교육인가 하다가 믿지도 않았던 전생으로까지 가서 낙담을 할 것이다. 그리고 혹여 이 아이가 나중에 어떤 범죄의 중심에 서게 되지는 않을지 그리하여 이 아이가 '어머니는 왜 나를 낳았느냐'고 한다면 나는 어찌해야 하나. 여기에서 나는 내가 정상적인 사람이며 새를 잡아먹으면 맛나겠다고 느낀 이유를 밝힐 필요가 있다고 생각한다. 물론 어린 시절의 행동을 정당화하려는 것은 아니다. 배경의 이해를 돕고 싶을 뿐이다. 그러기 위해서는 유년으로 돌아가야 한다.

두메산골에 살았던 나는 겨울이면 몰려온 콩새 무리를 잊을 수가 없다. 찔레나무 열매로 온통 골 안이 붉었던 겨울, 그 겨울 한 철을 찾아 멀리서 찾아왔을 콩새. 나는 오빠들을 따라 산으로 들로 쏘다니며 콩새 잡을 덫을 만들었다. 나무와 철사를 이용해 작은 덫을 만든 다음 콩새들의 먹이인 찔레나무 열매를 꽂아 찔레나무 덤불 위에 올려놓는다. 보통의 찔레나무보다 더욱 풍성하게 미끼를 만들며 내일 아침에는 콩새가 걸려 있기를 바라면서 집으로 돌아간다.

다음 날 아침엔 어김없이 몇 개의 덫에서 콩새가 꽁꽁 얼어 있었다. 그러면 우리는 신이 나 누가 먼저 뽑나 내기를 하면서 콩새의 털을 뽑는다. 그런 후 배를 갈라 내장을 꺼내고 굵은 소금을 친다. 콩새들의 위(胃)에는 맛있게 먹었을 찔레나무 열매가 하나 가득 차 있었다. 화롯불에서 콩새가 익는 냄새를 지금도 잊을 수 없다. 뿐만 아니라 지금도 그때의 콩새구이 맛과 견줄 수 있는 진미(珍味)는 찾을 수가 없다.

아침에 눈을 뜨기가 무섭게 콩새가 몇 마리나 걸렸을까, 다투어 찔레나무 덤불로 가던 어린 우리에겐 빠알간 찔레나무에 앉은 깃털이 예쁜, 지저귀는 소리가 청아한 새의 이미지란 없었다. 학교에서 새에 대해 공부하면서도 지난겨울 덫에 걸려 얼어 있던 콩새를 측은하게 여긴 적은 없었다.

누군가의 가족이었을 덫에 걸린 콩새, 괴로워 몸무림치는 가족을 두고, 몸이 얼어가는 친구를 두고 떠나야 했던 콩새의 아픔이 지금 느껴지다니. 어른이 되고 잊었다고 생각했는데 내 나이 한 바퀴를 곧 돌아올 이 시점에 포르르 날아든, 날개가 푸르스름하기도 하고 노르스름하기도 한 새에게 드는 감정에 스스로도 놀라는 꼴이라니….

대파의 꿈

내 차는 뒤 주차장 구석에 세워져 있다. 어제는 밤늦게 들어왔으므로 자리가 없을 것이라는 것을 예상하면서도 혹시나 하고 끝까지 들어왔는데, 보람이 있었다. 도박하는 사람의 심정으로 들어왔는데 자리가 있을 줄이야. 여기마저 없었다면 몇 번이나 고쳐 후진을 하며 아파트 주차장 전체를 한 번 돈 후 외부로 나가 후미진 길가에 세웠을지도 모른다. 그래도 이게 어디야 하고 들어오면 바로 집 앞 명당에서 차가 빠지는 중일지도 모른다. 언젠가는 아싸! 하고 다시 돌아가 차를 가지고 들어오는 순간 앞차가 비상등을 넣고 바로 거기에 주차를 하는 중이어서 '조금만 빨랐더라면' 내지는 '나는 왜 이리 어리석을까?'라고 한탄했었다.

대파, 이름도 웅장한 그것을 본 것은 트렁크 문을 열기 위해 몸을 숙였을 때다. 뒷바퀴가 닿지 않은 작은 공간 구석에 대파가 있었다. 대파를 처음 본 그날은 겨울이 가다가 다시 돌아온 날이었다. 사람들이 춥기만한 겨울 따위에게는 관심도 없을 때, 모두 봄이 왔다고 꽃단장을 하기 바쁠 때 미련을 갖고 떠밀려 가던 겨울이 남은 힘을 끌어모아 뒤를 돌아본 것이다. 주차장과 화단 턱 사이 콘크리트 갈라진 좁디좁은 틈에 위태

롭게 올라오던 작은, 그러나 이름은 대파는 뒤를 돌아본 겨울과 눈이 마주치자 새파랗게 질려 어찌할 바를 몰라 했었다. 아마 내가 그때 바쁘지 않았더라면 대파를 외면하지 않았을 것이다. 어떻게? 하지만 나는 착한 사람이 못 된다. 잠시 이런 생각을 했던 것을 기억한다. '한 끼 양념간장은 되겠다….' 그러나 당시는 가던 길이 바빠 그냥 지나쳤고 대파는 잊었다. 그리고 오늘 대파와 마주친 것이다.

깜짝 놀랐다. 오늘의 대파는 그 옛날 꽃샘추위에 떨던 모습이 아니었다. 열악한 조건에 체구는 작지만 어엿한 성체로 당당함 그 자체였다. 씨앗을 담은, 그것도 야무지게 두 송이나 씨를 품고 이제는 후손을 남겼으니 죽어도 여한이 없다는 표정으로 비장하게 서 있었다. 내가 뽑아서 양념간장을 만들었다면 결코 존재하지 않았을 모습에 나는 안도와 존경의 마음으로 대파를 보았고 사진을 찍어 친구들 단체톡에 올렸다. 짧은 글귀와 함께.

날리다가 패대기쳐졌을 뿐인데
흔적을 남기려 씨를 앉혔다.
대파!
작지만,
이름만큼 꿈도 분명 컸노라.
누구보다 큰 포부를
양념간장 한 종지로 갈음하려 했음이

진정 미안하구나.

자연의 섭리에 고개를 숙인다. 우주 만물은 그냥 생겨남이 아님을 새삼 깨닫는 오늘이었다. 글을 읽은 친구들이 한마디씩 했다. 누가 친구 아니랄까 봐 '양념간장을 만들어 콩나물밥을 해 먹으면 맛있겠다'는 것에서부터 텃밭에 심은 대파 이야기, 그리고 이구동성으로 입을 모으는 것은 '이렇게 작은 일로도 감동과 공감을 이끌어낼 수 있는 글이 나오는구나'였다.

결코 나를 낮추어 숙이지 않으면 보이지 않을 작은 파 하나에 우주가 감동받는 하루였다.

거짓말

세 아이를 따로 살게 하다가 여차여차 합쳐 큰 아파트로 이사시키던 날.

이삿짐을 옮겨 주러 온 젊은이는 참 싹싹했다. 번개처럼 빠르면서도 꼼꼼하게 일을 아주 잘했다. 물론 선풍기 하나의 대가리를 팍 분질러놓긴 했지만, 대신 트럭에 다 싣지 못하여 확장을 했는데 확장비는 받지 않을 만큼 계산도 잘하는 청년이었다.

새집에 도착했는데 젊은이는 깜짝 놀라면서 큰아이한테 묻더란다.

"와! 이 집에 누가 살 건가요?"

"아…, 아까 애들 봤죠? 걔들하고 셋이 살 거예요."

그렇게 물었으면 됐지. 이삿짐을 내리면서 막내에게 또 묻더란다.

"이 집에 자녀들만 셋이 산다면서요?"

"아, 큰누나하고 둘만 살 거예요."

참 내 그럼 됐지. 이사 비용을 지불하는 둘째에게 또 물었단다. 아무래도 세 아이 중 두 아이의 말이 다르니 확인하고 싶었던가 보다.

"이 집에 자녀 두 명만 산다면서요?"

뜬금없는 질문에 둘째는 경계를 하며 통명스레 대답했단다.

"아닌데요? 부모님하고 온 가족이 같이 살 건데요, 왜요?"

"아, 네… 아니, 뭐…"

청년은 고개를 외로 꼬며 뭐라고 중얼거렸단다.

누구 말이 맞을까. 누가 거짓말을 했을까?

어쨌든 지금 상황은 아이 셋이 그 집에 주소를 두고 있다. 첫째 말이 맞는 듯이 보이지만 실거주는 첫째아이만 한다. 막내는 학교가 멀어 기숙사에 있으며 둘째는 키우던 개를 어쩌지 못해(첫째가 개를 싫어하여) 따로 살고 있다.

이사를 해주는 청년은 요즘 사람치고는 무모하다고 할 수 있다. 개인사는 보통 묻지 않는 게 상식인데 얼마나 궁금했으면 물었을까 생각은 들지만, 만약 우리 아이들이 태클을 걸었다면 그 청년은 사과를 했어야 했을 것이다. 그리고 요즘 아이들이 냉철히 후기를 남기지 않는가. 안 그래도 이사가 끝나고 살짝 까칠한 둘째가 '남이야 혼자 살든 둘이 살든 무슨 상관이야!'라며 후기가 좋아서 이용했더니 다음엔 얄짤없다고 못을 박았다.

그렇지만 나는 그 청년이 마음에 들었다. 일단 잘생겼다. 나이도 서른 안쪽으로 보였다. 서른도 안 된 나이에 개인사업으로 용달을 가지고 소규모 이삿일을 하는 것이다. 그리고 다른 데보다 싸면서도 일을 능수능란하게 하는 것이 상당한 경험을 쌓은 듯 보였다. 전에는 연세가 좀 있으신 분이 이사를 해 주셨는데 거의 우리가 일을 많이 했고 누가 돈을 받고 일을 하는 건지 모를 만큼 주객이 전도된 듯했었다. 이 청년은 하루종일 이사가 계획되어 있고 같은 일을 하는 많은 사람들 중 인기가 제일 높아 예약 잡기가 힘들다고 했다. 대규모 이삿짐센터는 직원을 두고 일을 해야 하지만 요즘 혼자 사는 사람이 많아 소규모 이사를 하는 사람에겐 저렴한 비용에 안성맞춤이다. 가족 중 도와줄 사람이 한 명 있으면 비용은 더 싸진다.

하지만 요즘은 놀기 쉽지 이런 일 하려고 하지 않는 젊은이가 많은데 그들과 비교하면 일찍 깬 것이다. 젊은 나이에 선견지명이 있어 작은 용달부터 시작하여 후에 큰일을 도모할 것 같은 예감이 들었다. 암튼 그 청년이 마음에 들어 '저렇게 생활력 강한 사람을 만나 시집 가라'고 큰아이에게 말했더니 '쓸데없이 오지랖 넓은 사람 딱 질색이다'며 콧방귀를 뀌었다.

어쨌든 나는 아이 셋을 다 거짓말쟁이로 키운 셈이다.

아이는 힘이 세다

어느 집에서 아이가 운다. 그러고 보니 초저녁부터 들렸던 것 같다.

설거지도 끝내고 TV도 끈 지금에야 아이의 울음소리가 선명히 들린다. 아이를 키운 엄마는 아이의 울음소리를 안다. 배가 고파 우는지, 기저귀가 젖었는지, 잠이 온 건지, 몸이 아파 우는지를.

아이 셋을 키운 엄마 귀에 들린 저 아이의 울음소리는 일단 이 네 가지의 경우는 아닌 듯하다. 배가 고프거나 몸이 아프다면 저렇게 힘찬 소리로 울지는 않을 것이고 잠이 와 운다면 초저녁부터 곧 날이 바뀔 지금 시간까지 울다가는 진작 지쳐 곯아떨어졌을 테니까. 게다가 울음소리로 짐작건대 기저귀를 뗐을 법한 나이다. 왜 울까. 왜, 울까. 왜, 왜, 울까.

아이는 어른보다 힘이 세다.

일전에 내가 사는 층수와 가까운 어느 집에서 밤늦도록 부부싸움을 한 적이 있다. 한여름 밤 열린 문을 통해 고성에 욕설이 실시간 생방송으로 전달되었을 때 처음엔 호기심과 재미로 은근히 사태를 즐겼었다. 하지만 시간이 갈수록 지금 싸우고 있는 부부가 마치 우리 부부인 듯 민망해져 왔고 빨리 이 싸움이 끝나기를 바라는 마음이었다. 나만 그렇게 여긴 것이 아니었는지 건너편 동까지 합세하여 이곳저곳에서 문밖을 향해 조용히 하라고 소리를 치거나 벽을 치고 쿵쿵 소리를 내는 것으로 빨리 이 민폐를 청산해 주기를 바랐지만 당사자들은 노력할 기미가 없었고 급기야 경찰차 두 대가 오고 나서야 부부싸움은 종료되었다.

밤이 깊어지자 울음소리는 더 커졌다. 간간이 아이가 울음을 멈추기에 '휴, 잠들었나?' 할 즈음 다시 힘을 충전한 아이의 놀랄 만큼 격앙된 울음소리에 달래는 소리마저 이내 묻혀 버렸다. 울음소리가 생소한 걸로 봐서는 어떠한 연유로 조부모에게 잠시 맡겨진 아이가 저를 두고 간 야속한 부모를 향해 절규하는 것이리라.

마주 선 아파트 두 동을 들었다 놓기를 반복하던 아이가 날이 바뀐 것도 모자라 새벽녘이 되어서야 울음소리가 약해지더니 여리게 다시 울기를 두어 번, 그리곤 잠잠해졌다. 드디어 잠이 들었나 보다. 아니 이럴 땐 잠이 드셨다고 해야 할까 보다. 아이는 아파트 주민 대다수가 저 부모의 부모뻘인 많은 어른의 잠을 설치게 하고 나서 곤한 잠에 빠져든 것 같다.

아이가 자신의 존재를 분명하게 알리는 사이 아파트 주민 누구 하나 시끄럽다고 소리치거나 벽을 두드리거나 발을 쿵쿵거리지 않았다. 경찰차를 부르지도 않았다. 오히려 아이의 막강한 힘을 인정하고 또한 오래도록 운 아이를 한마음으로 걱정했을 것이다.

날이 밝았다. 일부 주민은 출근을 하기 위해 주차장으로 가며 아이 울음소리가 나던 층수 쪽을 두리번거렸다. 그러나 몇 층인지, 어느 집 아이인지, 어떤 연유인지를 묻는 사람은 보이지 않았다.

확실히 아이는 어른보다 힘이 세다.

아랫집 부부의 신새벽

우리 집 아래층에는 인자하신 노부부가 사신다. 훤칠하고 미남이신 할아버지와 예쁘장하신 할머니시다. 여름이면 열린 문으로 아래층 노부부의 새벽이 들어온다.

이른 시각, 새벽 3시가 좀 넘으면 기지개 켜는 소리가 들린다. 거의 고함에 가까운 기지개 켜는 소리는 놀랍게도 할머니의 목소리이다. 뒤이어 할아버지의 말씀이 들리는데 족히 한 시간 이상 이야기를 나누신다. 내용까지는 들리지 않지만 말씀을 주고받기가 일정한 걸 보면 꽤 다정하신 듯하다. 가끔 말다툼도 하시긴 한다. 할아버지가 할머니를 무시하는 말씀을 하셔서 할머니가 화를 내며 따지시는데 결국은 할아버지가 사과를 하신다. 그냥 사과가 아니고 할머니를 어린아이처럼 달래면서 미안하다고 하시는데, 그러실 거면서 왜 매번 빌미를 제공하시는지 궁금하다.

아니, 무슨 아파트 방음이 그 모양이냐고 할 수도 있지만 우리 아파트는 27년 전에 지었는데 건설업자들 사이에 아직도 이 지역에서 가장 잘 지었다는 평가를 받는다. 윗집 아이들이 어렸을 때 개구쟁이 머슴애들이 어지간히 드나들었고 친척들의 방문도 많았지만 층간소음이라고 느끼지 않았다. 나도 아이 키우는 입장이라 이해를 했기 때문만은 아니다. 지금은 아주 조용한 새벽 시간에 문을 열어놓은 데다가 나도 침대가 아닌 바닥에서 자다 보니 더 가까이 들리는 것이다. 그러니까 나를 깨우는 알람은 아랫집 할머니의 기지개 켜는 소리였고 할머니가 딸 집에 가지 않는 한 언제나 비슷한 시각에 나는 잠이 깬다.

내 아이들이 셋이나 되니 어릴 땐 항상 미안해서 명절에 작은 선물을 가지고 아래층으로 내려가면 '우리는 저녁잠이 많고 한번 잠들면 굿을 해도 모르니 걱정 말고 아이들 씩씩하게 키우라'고 하셨다. 우리 아이들도 일찍 자고 밤에 깬 적이 거의 없어 누를 끼친 적은 없으나 가끔 친척이나 친구 가족들이 올 땐 미리 찾아가서 양해를 구하면 노부부는 항상 괜찮다고 하셨다.

말씀대로 노부부가 일찍 주무셔서인지 저녁 늦게는 소리가 잘 들리지 않았는데 외손주와 영상통화를 할 때는 또한 떠들썩하다. 노부부의 아들은 20대 초반에 장가를 갔지만 동생인 딸은 마흔을 찍고 시집을 갔다. 노산을 우려했지만 가자마자 떡두꺼비 같은 아들을 낳았다고 한다. 할머니는 외손자가 올 때마다 포대기로 아이를 업고 노인정이며 온 동네를 돌며 자랑을 하셨다.

아직은 말도 잘 못 알아들을 텐데도 할머니는 뭔가 쉼 없이 이야기하는데 특히 할머니의 웃는 소리가 엄청 커서 우리 집뿐만 아니라 다른 집도 들릴 것 같다. 오랫동안 어르고 웃고 하시다가 힘이 드신지 할아버지를 바꿔 주신다. 거의 매일 들리던 영상통화 소리는 계절이 바뀌어 문을 닫아야 들리지 않았는데 그 당시는 나도 손주가 생기면 저렇게 손주 바보가 될까 생각했다. 하지만 나는 다정다감하지 못해서 손주가 생긴 지금 딱 한 번 영상통화를 했는데 100일 된 아이하고 무슨 말을 하나, 몇 마디 어르다가 싱거워서 남편에게 바통을 넘겼더니 남편은 그래도 나보다 나았다.

새벽에 자주 들었던 콘서트를 뺄 수 없다. 노부부는 노래를 자주 불렀다. 평소에는 할머니 혼자 트로트를 자주 부르셨다. 언젠가는 할아버지랑 듀엣으로 부르셨는데 그 실력에 감탄을 하고 말았다. '그대는 나의 인생'이라는 노래였는데 처음 부르시는 것 같지 않은 멋진 화음을 들려주셨다.

사실 처음에는 좀 화가 났다. 새벽에 일찍 일어나시는 라이프스타일까지야 뭐라 할 수 없지만 그 시간에 이웃에 들릴 정도로 말을 하고 트로트를 거의 한 시간이나 불러 대는 게 민폐가 아닐 수 없기 때문이다. 그래서 익명으로 경고문을 써서 게시판에 붙여 놓을까 하는 생각에 작성한 적도 있지만 결국 못 했다. 노래까지 다 끝나면 두어 시간이 지나는데 대부분 잠결에 들으며 다시 잠들기도 하고 날이 밝아지면서 소리도 잘 들리지 않게 되었다. 그분들은 본인들의 아침이 그들만의 것인 줄 알고 계실 것이다. 나 역시 노래 실력을 칭찬해 드리고 싶지만 나로 인해 그들이 당신들의 아침을 알게 된 후가 염려되어 함구하고 있다. 대신 80대에도 '저렇게 금슬 좋게 사시는구나' 하고 생각하기로 했다.

가끔은 며칠씩, 언젠가는 거의 달포를 조용했던 적이 있어서 나중에 밖에서 인사 나누며 물어보았더니…, "영감탱이가 밉다. 나이가 몇인데 사람을 귀찮게 한다."며 "젊은 사람들은 이해 못 하지?" 하셔서 "네?" 하고 놀란 적이 있다. 그래서 딸 집에 피난 가 있다가 왔단다. 알면 알수록 놀라움에 입이 벌어지는 아래층 노부부를 보며 건강 열심히 챙기는 내 남편의 미래를 보는 것 같아 한숨이 절로 난다.

입덧

나는 애를 가지면 입덧을 심하게 한다. '입덧을 왜 하는가' 궁금하여 자료를 찾아봤더니 호르몬과 영향이 있다고 한다. 수정란이 자궁에 착상을 하면 양분의 영양소를 수정란에 공급하기 위해 융모라는 조직이 발생하고 그 조직을 통하여 융모성선 호르몬을 분비한다고 하는데 이 호르몬이 바로 구토 중추를 자극하면서 입덧이 유발되는 것이라고 한다. 또 어떤 이는 '임신'이라는 낯선 신체 환경에 내 몸이 적응하지 못해서라고 했다. 두 견해가 모두 설득력이 있다고 생각한다.

나는 첫아이를 임신했을 때는 예측건대 수정이 되면서 입덧이 시작되어 아이를 낳고 나서까지 했다. 그래서 임신부는 보통 몸무게가 10-15Kg이 늘어나는 게 정상이지만 나는 딱 아이 몸무게 3-4Kg이 증가했다가 아이를 출산하고는 다시 그 전의 몸무게로 돌아왔다. 돌아온 것도 아니다. 임신과 동시에 심한 입덧으로 체중이 점점 줄어들었으니 출산을 하고 난 후 임신을 하기 전보다 현저히 몸이 말라 있었고, 두 번째 아이를 낳을 때 또 빠지고 셋째를 낳고 또 빠져 지금의 말라깽이 몸이 되었다. 어느 정도 입덧이 끝나고 먹고 싶은 음식이 당긴다는데 난 끝내 먹고 싶은 음식은 없었다. 아, 단 하나 생각나는 게 있다. 먹고 싶은 것이 아닌 냄새였다. 창고 안의 습한 흙 냄새, 특히 장마철 시골 창고 안의 습하디 습한 흙 냄새가 맡고 싶어 나는 친정에 가서 어릴 적 그 냄새를 찾아 코를 벌름거리며 돌아다녔다.

그런데 첫째 아이를 임신했을 때 열 달 내내 입덧하고 낳고 나서도 두어 달 힘들었는데, 잊을 만하니 또 둘째가 들어섰다. 둘째는 큰아이의 반 정도의 기간 동안 입덧을 했으며 셋째는 또 그 반 정도를 했으니 앞의 두 견해 중 후자에 해당했다고 볼 수 있다. 어쨌든 애를 요란하게 낳은 셈이다.

임신과 출산은 친정엄마를 닮는다는 말이 있다. 우리 엄마를 보면 그 말도 신빙성이 있다. 엄마는 내가 엄마 말을 이해할 나이가 되면서 가끔 당신의 입덧 얘기를 하셨다. 입덧이란 현대어는 몰랐을 테고 '입을 구친다(?)'라고 얘기를 했는데 사전에 찾아보니 없다. 옛날 시골에서 애가 섰다고 요즘처럼 호강에 겹기는커녕 애 가진 걸 행여 남들이 알세라 배를 꽁꽁 동여매면서 밭일 부엌일 다 했으니 그 고생이 얼마나 컸을지 측은하다. 와중에 입덧이 심하지만 나의 아버지가 알아줄 리도 없었으니 굶어가며 열 달을 버틴 것이다. 신기한 것은 엄마도 나도 그래도 자식들은 모두 건강하게 낳았는데 삼신할머니가 돌봐 주셨는지….

다행인 것은 시집간 딸은 나처럼 유난을 떨지 않았다. 나는 태아에게 안 좋은 영향이 갈까 봐 그 어떤 약도, 영양제 하나도 먹지 않고 감기에 걸려도 죽기 살기로 참고 이가 아파도 참았다가 출산 후 뺐지만, 딸은 입덧을 완화시키는 모든 처방을 하여 수월하게 애를 낳았다. 체중도 거의 20Kg이 늘었다고 요즘은 다이어트한다고 법석을 떤다. 미련한 것과 지혜로운 것의 차이는 세대 차이와는 다른 것이다. 우리 엄마는 그 옛날이라 그렇다 쳐도 나는 어리석었던 것이고 그 결과는 태어난 내 아이들이 받았을 것이다.

큰아이에게는 특히 미안한 마음이 있다. 임신하고는 좋은 것 많이 먹어야 건강하고 머리도 좋을 텐데 엄마가 먹을 수 없어 물려받은 게 없으니 사는 게 행여 힘들지 않는지 걱정도 된다. 또 애가 바빠서 운동도 못 하니 아프단 소리도 자주 하고 아직까지 짝꿍도 만나지 못한 걸 보면 다 내 잘못 같다. 요즘은 결혼한 친구가 임신을 해서 입덧을 시작했다고 캔디를 사 보내는 등 제가 임신한 것처럼 들떠 있다. 쯧쯧쯧 혀를 찼더니 이미 엄마의 이런 태도를 씹고 지나가는 건 예삿일이라 역시 귓등으로도 안 듣고는 빨리 성별을 알고 싶단다.

흥미로운 것은 '입덧하는 남편'도 있다는 것이다. 사례도 빈번하게 있다는 것에 놀랐다. 생전 처음 부모가 된다는 중압감과 아내가 입덧을 하는 등 임신으로 인해 여러 복합적인 감정 변화와 환경 변화에 따른 긴장감이 남편에게도 입덧을 유발시킨다고 한다. 그러니까 실제 남편이 임신하지 않았으므로 호르몬의 변화로 구역감이 생기는 것이 아니라 감정적인 요인이 크게 작용하여 증상을 유발하는 것으로 추측하고 있다고 하는데 가족이 는다는 것은 행복한 일임과 동시에 기존 가족에게는 책임이 병행되는 것에 대한 부담일 수도 있는 것이다.

돌이켜 보면 그런 면에서는 지나치게 자유로운 우리 남편이 좀 얄미울 때도 있다. 아내가 입덧한다고 입덧을 함께하기는 고사하고 혼자 밥을 한번 해 먹었나, 차려는 먹어 봤나, 혼자라도 나가서 사 먹어 봤나. 그래도 좀 안쓰러운 얼굴로 나를 대해 준 적이 있는데 그걸로 오히려 내가 미안해했으니 내가 속이 없는 사람 같다. 사람은 누울 자리를 보고 다리를 뻗는다는 말이 그냥 생긴 게 아닌 것이다. 애 다 낳고 나서 언젠가 투덜거렸더니 "그럼 그때 말하지 그랬느냐"고, "남자인 내가 뭘 어떻게 아느냐"고 했다. 그렇다고 애를 하나 더 낳으면서 시험해 볼 수도 없고, 결론은 내가 바보였다.

10분의 풍경

8시 40분 학교 수업을 가기 위해 8시에 집을 나섰다. 10분 남짓 걸리는 거리지만 등교와 출근 시간이 맞물려 차가 막히므로 빨리 나서야 한다. 수업 초기에는 넉넉히 20분을 잡았는데도 겨우 교문을 통과하기도 했다. 또 한 번은 사거리를 통과하면서 황색 신호가 바뀔 아슬아슬한 상황에 엑셀을 힘주어 밟았는데 거의 동시라고 생각하고는, 출근 시간대니까 카메라를 꺼놓았거나 내가 먼저일 것이라고 스스로 위로하고 잊었는데, 그로부터 보름이나 지난 날 그날의 신호위반 딱지가 날아왔다. 황색 불에 출발했고 차가 많이 막혔다며 이의 신청을 했다. 출근 시간에는 신호등을 풀어 놓아야 하지 않느냐며 구시렁거렸더니 차 번호를 묻고는 기다리란다. 잠시 후 '안타깝긴 하네요. 0.29초에 지나셨어요'라며 '하지만 구제는 할 수 없다'고 덧붙였다. 빈 입맛을 쩝쩝 다시고는 전화를 끊었다. 그 후로는 막히는 시간 전인 8시에 집에서 출발하여 학교 근처 아파트 주차창에서 기다리다가 시간 맞추어 들어간다.

아파트 주차장에서 바로 맞은편에 초등학교가 있다. 내가 갈 학교 바로 옆 학교이다. 10분 정도를 기다리는 동안 대부분 핸드폰을 들여다

보는데 한번은 눈을 들어 앞의 광경을 보게 되었다. 초등학생들도 하나 둘 등교를 하고 있었다.

가장 먼저 본 것은 '야구 모자를 쓴 젊은 아빠'다. 작은 딸의 손목을 꼭 잡고 조심조심 걸어 교문까지 와서는 부녀가 손을 앞으로 모아 학교 보안 아저씨께 인사를 한다. 아저씨도 허리를 굽혀 인사를 한다. 아빠는 딸의 손을 놓고 매무새를 다듬어 준 후 교문 안쪽으로 손짓을 하지만, 딸도 아빠도 한참 동안 그 자리에서 서로에게 손을 흔들기만 한다. 마침내 딸이 교문 안으로 발걸음을 옮기면서도 못내 아쉬운지 아빠를 향한 눈을 뗄 줄 모른다. 딸은 돌아보기를 반복하고 그때마다 아빠는 또 손을 정성스럽게 흔든다. 정말인 듯 마지막 인사로 격하게 손을 흔들어 안녕을 한 후 딸의 모습은 보이지 않는데, 아빠는 그곳을 떠나지 않는다. 아빠는 어디 멀리 떠나 이별을 하는 사람처럼 한참을 더 딸이 사라진 곳을 응시하다가 돌아선다.

이번엔 온 가족 출동이다. 출근 차림의 아빠와 엄마, 어린이집 가방을 멘 아장아장 걷는 동생까지 1학년쯤 돼 보이는 형을 배웅하러 왔다. 역시 보안아저씨께 넷 다 배꼽 인사를 한다. 출근하는 선생님들은 차를 세우고, 차 문을 열고 아저씨께 인사를 한 후 교문을 통과한다. 지나던 여고생들도 아저씨께 공손히 인사를 한다. 보안 아저씨는 이들 모두에게 일일이 허리 굽혀 맞절하신다.

어디에나 그런 사람이 있듯이 교문 바로 앞 정차를 하는 부모도 있다. 세우지 말라고 격하게 봉을 흔드는 아저씨를 무시하고 기어코 교문 바로 앞에서 차를 세워 아이를 내려 주는 엄마, 이에 더하여 엄마는 역시 내 아이는 소중하므로 아이가 시야에서 멀어질 때까지 배웅한 후에야 자리를 뜬다.

신호등이 보행자 신호로 바뀌자 보안 아저씨는 아예 도로 중앙으로 나와 차들에 정지 신호를 확인시키고 아이들을 안전하게 건너도록 돕는다.

이것이 내가 10분 동안 본 초등학교 교문 앞의 모습인데 시간대가 같아서 그런지 다음 날에도 마치 재방송을 보여주듯 어제와 똑같은 풍경이었다. 젊은 아빠는 오늘도 영락없는 딸바보의 모습을 보였고 어제 내가 놓쳤는지, 보안 아저씨가 젊은 아빠의 뒷모습을 오랫동안 바라보았다. 나와 나이가 비슷할 것 같은 아저씨는 어쩌면 지금, 생각까지도 나와 같을지 모른다는 생각이 들었다. 자식 사랑 표현의 세대 차이 말이다. 내 예상이 맞다면 그 아저씨도 당신의 자녀에게 미안한 마음일 것이다. 겸손과 여유, 게다가 절도까지 느껴지는 보안 아저씨의 일거수일투족이 긴 여운을 남기는 교문 앞 10분 풍경이었다.